叙事研究：
阅读、分析和诠释

NARRATIVE RESEARCH:
READING, ANALYSIS, AND INTERPRETATION

艾米娅·利布里奇
［以］ 里弗卡·图沃-玛沙奇 著
塔玛·奇尔波

王红艳 译

释觉舫 审校

重庆大学出版社

译者简介

王红艳　北京大学教育学博士，山东师范大学教育学院副教授，主要研究方向为课程教学与教师教育，研究专长为新手教师成长与教育。在《教育发展研究》《全球教育展望》《北京大学教育评论》等核心期刊上发表论文 40 余篇；有译、著作品多部。

释觉舫　新加坡人，北京大学教育学博士，澳洲南天大学国际部主任，澳洲星云大师教育基金会秘书长，主要研究兴趣在佛学、宗教社会学与佛教教育学。

作者简介

艾米娅·利布里奇(Amia Lieblich)是耶路撒冷希伯来大学心理学系的教授,并在1982—1985年担任系主任。利布里奇的著作展示了一部以色列社会的口述史,涉及战争、战俘(POWs)、服兵役和集体农场等。她和乔塞尔森(Ruthellen Josselson)一起担任《生命叙事研究年鉴》(the Narrative Study of Lives)的编辑。在过去的几年里,她一直教授"生活故事和叙事:一种心理学研究方法"的课程。

里弗卡·图沃-玛沙奇(Rivka Tuval-Mashiach)是耶路撒冷的一位临床心理学家,希伯来大学的博士。同时,她也在这所大学指导初次接受心理治疗的学生,并教授成人发展课程。她的研究探索了女性与男性如何述说他们自己的生活故事。

塔玛·奇尔波(Tamar Zilber)是一位组织心理学家。她在耶路撒冷希伯来大学提交的博士论文,内容是关于一个组织如何以"含糊其词"作为其应付机制。她的研究把人类学的参与观察法和组织的叙事分析结合在一起。她从批判主义及女性主义的视角教授"文化和组织"的课程。

从生活故事中找寻意义

人类讲述并倾听着故事。我们用叙事进行交流并理解人与事件，在叙事中有我们的思考与梦想……

——哈迪（Hardy B，1968）

人是天生的讲故事者，故事给个人经历提供了一致性和连续性，并在我们与别人的交流过程中扮演着核心角色。通过叙述者展现他们生活和亲身经历的口头叙述和故事，我们得以了解他们的内心世界。换句话说，叙事给我们提供了获悉自我认同和个人性格的机会，当一个人进行叙事时，他必须先由复杂情境中选择出一些事件，再就所挑选出来的事件、情节赋予意义。故事模拟了生活，并展现出一个因应外部世界的内部现实。同时，它们也塑造和建构着叙述者的个性和生活现状。故事就是个人的自我认同，通过我们所说的故事，我们了解或发现自己，并向他人展示自己。

叙事研究又称"故事研究"，是一种研究人类体验的方式。这种研究方式的前提在于人类是善于讲故事的，我们过着故事化的生活。它从讲述者的故事开始，以对故事进行诠释为其主要任务，重在对叙事材料及意义的研究。《叙事研究：阅读、分析和诠释》这本书就是以生活故事为素材，通过分析和诠释一些生活故事，向我们展示如何进行叙事研究。

艾米娅、里弗卡和塔玛三位作者首先从"什么是叙事研究"入手，定义叙事研究为"任何运用或者分析叙事资料的研究"。对于"叙事"，作者表明了自己的立场：不提倡把所有叙事都视为虚构文本的绝对相对主义，另一方面，也不肤浅地认为叙事就是对现实的完整、准确描述。他们相信故事总是围绕着某些事实或生活事件的一个核心而建构，同时承认在选择、添加、强调和诠释"所记起的事实"方面有个性和创造性施展的自由外围空间。叙事研究存在两种独立维度：整体方法—类别方法、内容—形式。在此基础上，可以组合出四个单元矩阵，也就是本书重点论述的包含四个模式的新模型：

整体—内容　　　　　　整体—形式

类别—内容　　　　　　类别—形式

作者在第4—7章（全书共8章）中分别详细论述了这四个模式，并就每一个模式提供了两种分析例证，共向读者提供了4个模式、8种分析策略。

对于那些面对一大堆叙事资料不知所措、不知如何下手进行分析的研究新手来说，书中的这四章可谓打开了一扇亮窗。作者在呈现每一个阅读模式的时候，都是首先非常清晰地列出步骤，然后结合具体生活故事进行分析，最后得出结论，展示给读者一个完整的叙事资料阅读、诠释和分析的过程。比如第4章展示整体—内容分析模式时，先介绍其步骤为：①反复阅读资料，直到一个模式浮现出来；②写下关于生活故事的最初印象和完整印象；③确定内容或主题的特殊焦点；④用不同颜色的标记划出故事的不同主题，然后分别阅读，重复阅读；⑤跟随整篇故事的每一个主题，记下你的结论。接着以萨拉（一位主要的生活故事提供者）的生活故事为例示，得出"关系的"和"积极的"

两种整体印象,其下又分为四个主题。而类别—内容分析(第6章)采用的步骤则是:①选择子文本;②定义内容类别;③把资料归入各类别;④做出结论。相应地,作者就所收集的生活故事中关于中学经历的内容进行了内容分析,通过计数、列表、排序、画群像等方式寻找发现和结论。跟随如此清晰的步骤解说和详细例证,即使没有任何叙事研究经验的读者,也很容易在脑中形成一个叙事研究的大致脉络框架。

但这并不是三位作者的最终目的,她们不希望读者亦步亦趋地跟在后面,或者按部就班地执行书中所罗列的步骤。她们是要和读者分享她们的研究经历,与她们一起前进。正如书中所写:"努力和你们分享我们有关叙事加工过程的思考,我们对选择某个方法的考虑和疑虑,我们对解释分析工作的批判。"所以,作者用了整整一个章节(第3章)几乎是逐字呈现两种生活故事的访谈,这样,读者就可以在阅读生活故事的同时,对照这些资料评判作者的推论,边阅读边思考,甚至边动手做。在这样的过程中学习做叙事研究。

开始任何一项新的研究时,在研究问题和研究方法的选择上,研究者都会面对许多两难困境,没有哪一种研究方法就是最终处方,就是最完美的。作者告诫我们:现实中有各种提高阅读、分析和诠释生活故事的技巧,也绝不能说叙事研究要比统计的或者经验的研究更好,只能说某种方法可能比其他方法更适合某些目的而已。在本书的最后一章,作者对自己的工作进行了反思:"我们所提出的二对二(two-by-two)模型……可能制造了一些二元对立,现在应该淡化或者撤销它们……如果仅取其表面价值,它可能会带来误导。"作者以此警示读者,不要依附于非此即彼的二元对立思维,而要持一种辩证态度,把本书中提出的模型想象构想为两个连续体:在每一个连续体的一端,可能存在几个稀少但非常清楚的例子,而多数阅读方法都是由更加平衡的混合体组成。这样一种态度不仅在此适用,也是所有研究应该秉持的。

"叙事"是人类基本的生存方式和表达方式，叙事取向重视人的情感、体验和主观诠释，叙事内容再现了叙事者的世界观，是他的信念、思想、意图所构建的真实。目前，这种研究方法已引起了广泛的关注，并被逐渐运用于多个学科。在教师的教育教学经验研究中，叙事研究是教师了解教育，以及向别人讲述其所了解的教育的最重要途径之一。教师叙事既是人文的也是建构的，它尊重教师的声音，让教师寻回自己作为一位反思型实践者的权利和能力。而对于教育研究者而言，做教师实际生活的叙事研究，无疑是进入了一个极富人文关怀和情感魅力的领域。对于准备做和正在做教育叙事研究的教师和教育研究者来说，这本书具有很大的价值。作者告诉我们，叙事的本性与一首诗歌或一篇小说之类的文学阅读相似，但是"叙事分析不是一种艺术形式或者需要什么既定天分的东西，也不是一种纯粹的'技巧'，它是一种需要很多耐心和投入的技能，可以从学理上学习、精炼和提高。阅读翔实充分的案例解析是依凭自己的努力获得较好成效的一种途径"。

所以，请打开书，仔细阅读里面的精彩故事，给出你自己的诠释和分析，然后，对照作者们的解读和分析，在阅读、思考、比较和动手做中，"发展自己的技巧，描绘出属于你自己的美妙图画"吧。

本书是三位作者之间持续对话交流的产物，其中文版同样也是多人合作的成果，由王红艳执笔翻译，释觉舫参与了部分初稿的翻译并负责全书的审校工作，陈向明教授始终指导着翻译工作的进行，并帮助译者解决了其中的不少疑难，王世旭、李莉春、朱光明也对翻译提供了很多宝贵意见。在此，向他们表示深深谢意的同时，也道出自己的忐忑：由于译者水平有限，不当之处，敬请读者朋友批评指正。

王红艳

致 谢

本书是互动合作的成果。里弗卡和塔玛以学生的身份选修了艾米娅的课程，并参加了艾米娅的研究项目，随后又成为她的研究生。并不是所有的人都有机会通过个人接触来学习叙事研究，所以我们三个人：艾米娅、里弗卡和塔玛，希望通过此书把我们的经验奉献给广大读者。

我们首先要感谢以色列基金委员会、资助机构（1992—1994）、文化教育部和 NCJW 创新教育研究协会，感谢他们对本研究项目的慷慨支持，因此我们才得以通过这项研究收集本书中的生活故事。另外，也感谢弗兰肯斯坦基金会对本书写作的支持。

我们要特别感谢奥纳·沙兹-奥本海默（Orna Shatz-Openheimer）和萨拉·布兰克·哈-拉马迪（Sara Blank Ha-Ramati），他们接受了我们的访谈并和我们一起讨论，易瑞特·哈-美瑞（Irit Ha-Meiri）也参加了其中几场富有启发性的会谈。

任何使用录音资料的研究者都知道好的转录文稿的重要性。我们很幸运有盖·利德曼（Guy Lederman）、马迪·列布利彻（Maty Lieblich）、伊娜特·勒纳（Einat Lerner）、希拉·戴维（Hila David）、纳哥·斯沃利克（Noga Sverdlick）、米瑞特·纳奥（Mirit Naor）和迈克尔·纳米亚斯（Michal Nachmias）的帮助，他们勤勉、细心地转录了所有的访谈录音资料。

迈克尔对这些资料产生了兴趣，并就其中早期记忆的主题写下一篇非常优美的分析文章，感谢她和我们分享（见本书第4章的第2部分）。

非常感谢耶尔·奥伯曼（Yael Oberman），他承担了本书希伯来文部分的翻译工作，阅读和修改了书稿，并提供了许多思想深刻的评论。

诚挚地感谢纳玛·列维茨基（Naama Levizky），在写作期间，他通过各种不同的渠道给予我们很多帮助，尤其是在编辑参考书目方面。伊芙瑞特·伊扎克（Efrat Yizhaki）帮助我们做了校对工作，耶路撒冷的希伯来大学心理系对本研究项目而言就是一个舒适的家。

最后，我们要感谢所有的受访者。他们讲述了自己的生活故事，使我们得以获悉他们的中学经历，理解特殊的教学项目和叙事分析。除此之外，他们还给予我们三个人一起写这本书的机会——这段经历也丰富了我们自己的"生活故事"。

目

录

/

第 1 章

一种新的关于阅读、分析和诠释方法的分类模型

在过去的 15 年里，**叙事**（narrative）和**生活故事**（life story）的概念在社会科学领域逐渐获得认可，并开始在理论、科研和诸如心理学、精神疗法、教育学、社会学和历史学等应用学科中占据一席之地。借用库恩的术语，这种历史演进可以被称为"叙事革命"。而另外一些人则把它看作社会科学领域内实证范式日渐消亡的证据（Bruner，1990；Sarbin，1986）。叙事在研究中的运用可被视为对现存传统方法（如实验法、调查法、观察法）的一种补充，或者是对这些"贫瘠（sterile）"的研究工具的首选替代品。不管从何种意义上说，叙事方法都已经成为社会科学宝库中极有价值的一部分。

伴随着叙事研究影响的扩大和叙事研究论文数量的不断增加[参见已出版的杂志《叙事和生活故事杂志》（*The Journal of Narrative and Life History*）和论文集《叙事和生活故事杂志》（*The Narrative Study of Lives*）①]，社会科学领域内对叙事方法论进行研究的需求也越来越大。实际上，这种研究方法的运用似乎已经超越了哲学和方法论的形式化层面，开始大量进入实践。此外，叙事研究也被频繁地批评，认为其太过于艺术化，比如：它似乎在很大程度上依赖于个人的天分、直觉或者临床经验，蔑视清晰的规则和系统，很难被教授，等等。

我们相信，叙事研究未来需要在阐明其研究运行规则方面做出持久努力。这就必然要求集中发展叙事性资料的分析方法和相关研究

---

① 《叙事和生活故事杂志》从 1991 年起（由 Lawrence Erlbaum 公司）以季刊形式出版发行。"生活的叙事研究系列丛书"从 1993 年开始每年出版发行，具体见：Josselson and Lieblich（1993，1995），Lieblich and Josselson（1994），Josselson（1996b），Lieblich and Josselson（1997）。

技巧。本书正是致力于满足这种需要而写作的。

上述目标乍一看似乎与叙事方法的基本原则完全背道而驰。叙事研究（本章稍后将给出定义）在根本假定上明显不同于其对应物——实证研究。叙事研究假定在人类现实领域不存在绝对真理和关于某一文本唯一正确的阅读或解释，叙事方法主张多元性、相对性和主观性。但是我们认为，研究者有责任为自己的方法选择提供一个系统、连贯的基本规则，并清晰说明获得研究结果的步骤。叙事研究的这些方面可以，也应该被教授和被学习。

本书讨论了生活故事的研究方法，主要关注文本阅读和资料分析，以及那些在质性研究相关出版物中被忽略或被忽视的主题。我们希望通过展示一个对阅读类型进行分类的新模式，并论证我们自己在实际工作中所运用的技巧和程序，来为读者在阅读、分析和诠释生活故事资料方面提供有益的指导。尽管我们希望读者相信叙事研究的价值和意义，但我们并不把本书所展示的研究方法视为最终方法或最佳方法，而是作为正展开其无限可能性的叙事研究艺术中的一种视角。本书针对广泛的读者群，包括所有对生活叙事研究感兴趣的学者、学生和研究者。由于它是由三位心理学家所写，因此书中的一些术语和例子来自心理学领域。我们希望本书能为研究者提供运用叙事研究的新思想和新方法，并鼓励读者为这个正在发展、成长的新领域贡献自己的创造力。

什么是叙事研究

尽管质性研究者们自在地运用着叙事和叙事研究（narrative research）术语，但是对这些术语的定义却非常罕见。《韦伯斯特词典》（*Webster's Third International Dictionary*）（1996）把叙事定义为"用于表现一系列相关事件的一段论述（discourse），或者一个例子（example）"（p.1503）。按照我们的定义，叙事研究指的是任何运用或者分析叙事资料的研究。这些资料可以以故事形式（通过访谈或者文学作品提供的生活故事）来收集，或者以另外一种不同的形式（人类学家记录他或她所观察故事的田野札记或者个人信件）来收集。它可以是研究的目的，也可以是研究的手段。其用途可能有：做群体间的比较分析；了解一种社会现象或者一段历史；探究个性；等等。我们所提出的模式，能用于分析从文学作品到日记、自传、晤谈，或者由访谈而获取的口述生活故事之类的广泛的叙事谱系。自然地，这类研究属于不同的学科领域：文学、历史学、心理学、人类学，等等。

简短的文献回顾

出版物、互联网、报告和数据库都认定，在过去的 15 年里，叙事研究的发展速度非常惊人。在心理学、性别研究、教育学、人类学、社会学、语言学、法律和历史学领域，叙事研究作为理解叙述者的自我认同、生活方式、文化和历史的一种手段逐渐兴盛起来。图 1.1 清楚呈现了在心理学领域相关出版物数量增长的情况。

该图来源于"叙事心理学资料库（Resources for Narrative Psychology）"网站（Hevern，1997），建立在包含期刊文章、书目章节、专著、博士论文在内的2011份文献资料分析之上。所有的文献资料皆来自以下关键词的搜索：叙事和生活故事（narrative and life story），叙事和心理学（narrative and psychology），讲故事和心理学（storytelling and psychology），话语分析（discourse and analysis）。图 1.1 也显示了这些文献的出版年份分布情况。

以上这些丰富的资料按照其所涉及的领域，可以粗略地分为如下三个大的类别：

将叙事用于调查各种研究问题

这种类别的研究最常见，但差异也最显著，而且涵盖了绝大多数

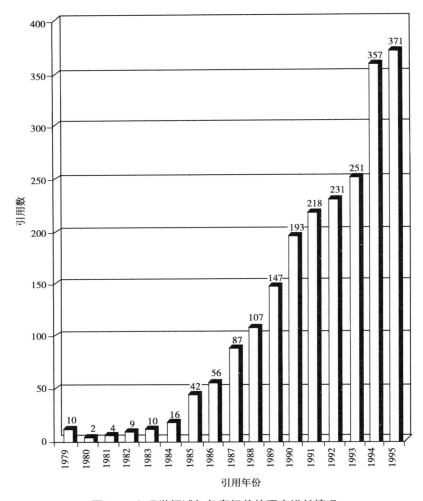

图 1.1　心理学领域与叙事相关的研究增长情况

来源:Copyright© 1997 Vincent W. Hevern. used by permission

的叙事研究。叙事研究可以用在预研究中,以便形成客观研究的工具,或者用在大样本的客观调查与小群体的叙事方法相结合的研究中以加深理解。不过,在有些情况下(例如本书所提供的研究),叙事方法完全可以对真实的生活问题进行全面的评价(Greene,1994)。

在心理学、教育学和医学领域,叙事常常被用于心理和医学问题或者学习障碍的诊断性分析（Capps & Ochs, 1995；Herman, 1992；Wigren, 1994）。

在社会学和人类学的许多研究中，叙事常用来呈现社会中一些特定亚群体的性格或者生活方式，例如从性别、种族、宗教信仰等方面界定的亚群体。从社会、文化或者人种角度来看，这些社会群体常常是受歧视的少数人，他们的叙事表达了其未被知晓的心声。（关于女性问题请见：Gluck & Patai, 1991；Josselson, 1987；Personal Narratives Group, 1989。关于女童问题请见：Gilligan, Lyons & Hammer, 1990；Gilligan, Rogers & Tolman, 1991。关于巴勒斯坦女性问题请见：Gorkin & Othman, 1996。关于同性恋生活问题请见：Curtis, 1988；Plummer, 1995。）

叙事在发展心理学和社会学领域也被用于研究社会中的特殊年龄群体。许多研究致力于把儿童叙事作为了解儿童认知和社会性发展的手段（如，Nelson, 1989；Sutton-Smith, 1986）。汤普森（Thompson, 1994）用叙事研究青少年，肯珀、拉什、尼特和诺曼（Kemper, Rash, Kynette & Norman, 1990），还有科克（Koch, 1990）用叙事来研究老龄化问题。另外一些研究工作则采用叙事去调查人类生命周期中的特殊时期或者变迁期，例如：法雷尔和罗森堡（Farrell & Rosenberg, 1993）关于父亲身份转换的研究；里斯曼（Riessman, 1990）关于离婚的研究；默里（Murray, 1992）、奥克堡（Ochberg, 1994）和威斯玛（Wiersma, 1988）关于事业或者职业发展的研究；利布里奇（Lieblich, 1993）关于移民变迁的研究，等等。

在认知科学领域，叙事方法被用来研究记忆、语言发展和信息处理过程（Hartley & Jensen, 1991；Neisser & Fivush, 1994）。

在应用研究中，临床心理学运用叙事进行治疗。通过心理治疗来恢复或发展病人的生活故事被认为是治疗过程的核心环节（Epston, White, & Murray, 1992；Omer & Alon, 1997；Rotenberg, 1987；Schafer, 1983；Spence, 1986）。

以上资料信息表明，叙事探究可适用于基础和应用两个方面的研究。我们应选择最适合所要研究的问题的方法，当研究者因应不同的社会需求去诠释现实问题，以及运用其专长为公众舆论或政策制定贡献力量时，应该以开放坦率的方式接近与这些问题息息相关的大众，探索他们主观、内在的当下体验——这才是明智的。叙事方法可以被看作适合调查"现实问题"的"现代方法"（Bickman & Rog，1998）。

以叙事作为研究目的

这一类别是指那些论及叙事自身，而不是把叙事作为研究其他问题的手段的研究。这方面的研究在文学理论、传播理论和语言学领域较为普遍，并且涉及故事的不同方面，如它的本质、结构或质量（Frye，1957；Rimmon-Keenan，1989）。多数研究关注的不是叙事的内容，而是叙事的形式特点，如故事的结构、情节的进展、多变的语言风格（参见 Gergen & Gergen，1988；Labov & Waletzky，1967）。

对质性研究（包括叙事研究）取向之哲学和方法论的探究

尽管这些主题都是相互关联的，但从目前的叙事研究来看，大多是从哲学视角入手进行，而不是从方法论入手。其中，在哲学方面做出杰出贡献的研究有：布鲁纳（Bruner，1986，1990，1996）把叙事作为两种人类认知模式之一的研究；M. 格根（M. Gergen，1992）、K. 格根（K. Gergen，1994a）和吉登斯（Giddens，1991）关于后现代、身份认同和叙事的研究；阿拉斯泰尔（Alasuutari，1997）、费希尔-罗森塔（Fisher-Rosentha，1995）、霍华德（Howard，1991）、米切尔（Mitchell，1981）、波尔金霍恩（Polkinghorne，1988）、鲁尼恩（Runyan，1984）、萨宾（Sarbin，1986）和维德肖恩（Widdershoven，1993）也分别探讨了一系列重要的哲学话题。

相对而言，把叙事研究的方法论作为主要关注点的文章则比较少见，也很少有学者运用综合模式来阅读或分析叙事材料，缺乏有关各种方法分类的研究。不过在更大的范围内，也即质性研究方法方面，有一些相关论文（Denzin，1978，1989；Denzin & Lincoln，1994；

Riessman，1993）。研究者提出了聚焦故事的某些方面，或者把故事作为一个整体来阅读的独特方法。其中贡献不凡的是吉利根（Gilligan）和她的合作者们（Brown et al.，1988），琳达（Linde，1993）和罗森塔尔（Rosentha，1993）。不过我们的文献检索没有找到系统描述现存各类叙事阅读方法的综合性研究。

虽然如此，两份最近的出版物也的确展现了一个较为宽泛的视角，涉及叙事研究的不同方面。奥克斯和卡普斯（Ochs & Capps，1996）在引证至少 240 份出版物的基础上，提供了聚焦于叙事和自我之间关系的翔实文献分析。米什勒（Mishler，1995）依照其中心研究议题，提出了一门有关叙事研究分类的类型学。他的类型学包括三种叙事的类别或视角：**参考与时序**（reference and temporal order），涉及事件在真实时间内发生的顺序和它们在被叙及时的顺序之间的关系；**文本的一致性和结构**（textual coherence and structure）处理建构故事的语言和叙述策略；**叙事功能**（narrative functions）则和故事所处的更广泛的社会和文化背景有关。我们自己的模式意在统整各类叙事研究的阅读、分析和诠释方法。在介绍完本书的基本理论立场之后，我们会把我们的这种模式呈现给读者。

本书的理论立场

我们为什么要做叙事研究？换一种方式来表达就是：有关自我的或生活故事的叙事研究，在今天的心理学领域占据什么位置？

人是天生的讲故事者。故事给个人经历提供了一致性和连续性，在我们与他人的交流过程中扮演核心角色。基于上文所回顾的那些文献，我们提出了自己的理论立场：心理学的任务在于**探索**和**理解**个体的**内在世界**，这种探索和理解伴随着它对人类和动物行为的兴趣、它的预测和控制的目标。要了解人的内在世界，最直接的渠道便是听他述说关于自己生活的和亲身经历的故事。换句话说，叙事给我们提供了获悉自我认同和个人性格的机会。许多理论家——最为人熟知的是弗洛伊德——皆以同样的方式在心理治疗过程中，通过研究病人的案例，形成了他们关于个人精神生活、性格及其发展的观点，因此对常人感兴趣的研究者也能从调查访谈所收集到的个人叙事中，建构起对其个性的理解（McAdams，1990）。

今天，在心理学和社会学前沿，布鲁纳（Bruner，1991，1996），费希尔-罗森塔尔（Fisher-Rosenthal，1995），格根（Gergen，1994b），格根夫妇（Gergen & Gergen，1986），赫曼森、赖克斯、哈里和肯普（Hermans，Rijks，Harry & Kempen，1993），麦克亚当斯（McAdams，1993），波尔金霍恩（Polkinghorne，1991）和罗森塔尔（Rosenthal，1997）等人都倡导，无论在内容层面还是形式层面，个人叙事都是个人的自我认同。依照这种方法，故事模拟了生活，并向外部世界展现出一个真实的内心世界；同时，它们也塑造和建构着叙述者的个性和生活现状。故事就是个人的自我认同，并在生活中不断被创造、倾诉、修正和重述。通过我们所说的故事，我们了解或发现自己，并向他人展示自己②。

不过并不是每个人都完全认同这种观点。邓津和林肯合著了一本极好的质性研究手册，在前言里，他们这样写道，"质性研究领域正充斥着一系列的紧张、矛盾和迟疑不决"（Denzin & Lincoln，1994，p.15）.＊ 这些紧张的症结在于"真理""知识"和"研究"的本质。这些主题对我们这本书所致力的工作来说，太过深入和宽泛了。但对照这种后现代观点，我们仍然能够发现，当前从学术性、现实主义、实在论或者历史主义的视角考察一个故事或者任何一段口头叙述时，总是立足于其对内部或外部现实的展示的好坏。在这个富有争议的领域，我

---

② 生活、生活故事和自我认同之间关系的议题，及文本和诠释之间关系的问题，都是极其复杂的，在这里不能充分予以说明。若要进一步阅读请见：McAdam（1990），Rosenwald & Ochberg（1992），Widdershoven（1993），Alasuutari（1997）。

＊ 本书中文版已由重庆大学出版社以4卷本的形式出版，分别是《质性研究：方法论基础》《质性研究：研究策略与艺术》《质性研究：资料收集与分析方法》《质性研究：解释、评估与呈现及质性研究的未来》。——编者注

们采取了一个温和立场。我们不提倡相对主义，即把所有叙事都看成是虚构的文本；与此同时，我们也不肤浅地认为，叙事就是对现实完整、准确的描述。我们相信，故事总是围绕着某些事实或生活事件的核心而构建的，同时我们也承认，在选择、添加、强调和诠释"所记起的事实"方面，存在个性和创造性施展的自由外围空间。

在心理学的生活故事研究领域，有关故事和现实之联系的宽泛议题，可以被转译为探讨个人叙事和自我认同之间的关系，这种关系"居于（resides）"内在现实的潜在领域。生活故事是主观的，因为它是一个人的自我或者自我认同。它包含着和"历史真实（history truth）"或紧密相连，或略为相似，或远远不同的"叙述真实（narrative truth）"（Spence，1982，1986）。所以，我们的立场是，当生活故事被正确运用时，可以提供给研究者一把钥匙，使其能够发现和理解个人的自我认同，此认同存在于当下或者历史真实之中，呈现为一种叙事性结构。

然而，由一次访谈（或者通过任何其他独特情境）所提供的生活故事，只是当下生活的一个故事，一种假设性的建构。有两个原因导致它无法被彻底地研究。首先，因为现实生活故事随着时间流逝而不断发展和改变着，当某个故事被记录转译下来，我们得到的只是一个"文本（text）"，就好比用一张单一、凝固和静止的照片去呈现变动不居的个体一样。我们把故事作为一个文本来阅读、一个静态物去诠释，似乎它就反映了那个内在的、现存的自我认同。但实际上，这种认同是一直在变化着的。而且，每一个收集到的生活故事总会受到其叙述情境的影响：访谈的目标（例如，获得一份工作或者加入一项研究），听者的个性特点，叙述者与听者之间的关系（如，他们是否有相似的文化背景？他们是同性还是异性？），叙述者的心情，等等。所以，一部独特的生活故事，就是人类自我或者生活可能建构或展示的多种版本中的一个（或多个）例子，而且这些建构都和某瞬间的特殊情境相关。人类对自我或生活的建构或展示可能有多个版本，每个版本的建构都与某个瞬间的特殊情境相关，从而形成了一部部独特的生活故事。

生活故事总是在建构和传递着个体的和文化的意义，尽管存在一些关于其事实基础、信息价值和与个体自我认同之间联系的争论。人是制造意义的有机体。他们超越个人经验，从其共同文化里获取建筑材料，来建构自我认同和自我叙事。正如格根（K. Gergen，1991）、范-兰根霍夫和哈里（Van-Langenhove & Harre，1993）所主张的一样，建构主义方法论宣称：个体在某个特殊交互情境下，通过与他人的交互作用来建构他们的自我形象。我们所秉持的信念和这些学者的主张一致，即通过研究和诠释叙事，研究者不仅能够了解叙述者的自我认同和它的意义系统，也可以进入他们的文化和社会世界。

叙事研究的几个基本特征

运用叙事方法得出的结果是丰富而且独一无二的资料，而这些资料是通过单纯的实验、调查问卷或观察无法获取的。读者可参阅一些关于如何形成研究问题、组建研究工具和收集资料的文章③。叙事研究的优势同时也导致了它面临困境，这一方面来自所收集资料的数量，另一方面来自研究工作的诠释性本质。

多数叙事研究处理的都是小规模的个体，比起传统研究所用样本要少得多。但尽管如此，生活故事研究收集到的资料数量还是很庞大的。单个案例的研究可能就要建立在几个小时的访谈基础之上，而听取录音并把它转译成文本会花费更多的时间。经常会有数百页的访谈记录草稿有待整理。即使研究者限制了问题广度，或者访谈时间，或者直接采用书面叙述方式，所得资料数量通常也是惊人的。而且，

---

③　关于叙事研究设计，请参阅：Glaser & Strauss（1967），Yin（1984），Denzin & Lincoln（1994），Maxwell（1996）。希望了解在叙事研究情境下的各种访谈方法，请参阅：Denzin（1978），Spradiey（1979），Kuale（1983），Mishler（1986a），McCracken（1988），LaRossa（1989），Chambon（1995）。有关转录和编辑访谈资料的主题，请参阅：Mishler（1986b），Blauner（1987）。丰塔娜和弗雷（Fontana & Frey，1994）写了一篇有关访谈的文献综述，附有许多阅读参考文献。

没有哪两次访谈是相同的,极其丰富的资料显示了叙事研究的独一无二性。访谈的整体结构或组织可能会在提供初始路径或定位上给研究者以帮助,但是叙事资料能从各种不同的维度来分析,如内容,结构,说话风格,情感特征,叙述者的动机、态度和信念,叙述者的认知水平,等等。此外,正如上文所提到的,资料会受访谈者和访谈对象之间相互关系及其他环境因素的影响,这些维度和影响在第一遍阅读时很难被发现,要想获得切中研究问题的理解,必须在敏感性阅读或倾听方面一丝不苟才行。甚至在叙事研究进行了很长时间之后,每一个新的文本都会留下些许谜团、一丝神秘,从而再生出充满刺激、挑战和困扰的聚合体。

叙事研究的另一个特征涉及假设在研究中的位置。研究者通常有一个研究问题和大致方向,凭此来决定如何选择研究对象或叙述者,以及获取故事的程序步骤。但是,在叙事研究中通常是没有预先假设的,研究的明确方向往往随着对所收集资料的阅读而显现,假设也才可能随之产生(Glaser & Strauss,1967)。再进一步说,这种工作又是诠释性的,而诠释通常是非常个人化、局部性和动态的。因此,叙事研究在一定程度上只适合那些能够容忍含糊混沌的学者。他们能够得出诠释性结论,但如果必要的话,他们还可以通过进一步的阅读改变这些结论。

叙事研究工作需要“对话式的倾听（dialogical listening）”(Bakhtin,1981),至少有三种声音:以录音或文本呈现的叙述者的声音;提供诠释的概念和工具的理论框架;对阅读和诠释的反思性监控,也即对分析资料和获取结论过程的自我觉察。随着研究的开展,生活故事的听者或读者进入与叙事互动的过程,并变得对叙述者的声音和其所表达的想法敏感起来。通过对叙事的阅读和分析,假设和理论产生了。而且它们以一种与格拉泽和施特劳斯(Glaser & Strauss,1967)所提出的“扎根理论”概念类似的循环运动,使个人理解不断地螺旋式上升,修正着原来的理论假设,进一步丰富了阅读。所以,以自传形式建构自我认同和通过经验研究建构理论,是两个平行的过程。

叙事研究最显著的形式特征是，不把结果的可复制性（replicability of results）作为评价的指标④，因此读者需要更多地依赖研究者个人的智慧、技巧和正直。然而诠释并不意味着在推测和直觉方面的绝对自由。准确地说，直觉过程需要理解力来充实，理解是检验直觉的基础，还需要对照叙事资料反复考查。换言之，诠释性解释不是任意的，而是需要正当理由的。传统研究方法所提供给研究者的通常是建立在统计之上的系统推论过程，叙事研究则需要在自我意识和自我约束下进行不断的检验工作，对照诠释检验文本，同时对照文本检验诠释。毫无疑问，叙事研究的这些特征意味着它们是极度费时耗力的工作。

如何学习做叙事研究

在学术研究和经验之间掌握平衡对所有的学习者来说都是必须的。我们相信，叙事研究就像心理治疗一样，拥有实际经验和他人监督，学习效果会最好。加入一个进行叙事研究的研究小组，或者参与一个关于叙事用途的研讨会，抓住这些机会，获取相关经验，和那些工作在相同领域、处理相似资料和相似问题的研究者进行交流，请教他们，得到他们的反馈。比如在美国，吉利根与她的同事和学生合作，在叙事研究工作中强调倾听来自文本的各种声音，这个正在进行的合作项目已经出版了一本关于访谈资料阅读的手册（Brown et al.，1988）。在欧洲，罗森塔尔和费希尔-罗森塔尔成立了面向学生和学者的训练工作坊，他们利用本土资源教授如何运用自传材料研究个体的自我认同。随着叙事研究的广泛应用及人们对叙事研究兴趣的日益增长，许多大学的课程、工作坊等都在为学习者提供动手做的实践环境。

不过，显而易见的是，不是每一个人都能获取这种直接学习的经验，所以我们提供了这本书。我们的目的已经显示了本书的内容和特

---

④ 有关叙事研究和分析的标准及其基本原理，将在第 8 章进行论述。

点,它不处理叙事研究的整个过程,而是关注对叙事资料的阅读和分析——建构阅读和分析的工具并应用在叙事研究中。比起其他学术性著作我们做得更多,那就是:努力和读者分享我们有关叙事加工过程的思考、我们对选择某个方法的考虑和疑虑,以及我们对自己的诠释分析工作的批判。为了这个目的,我们几乎是逐字呈现出两部生活故事的访谈过程(见第 3 章),也提供了许多额外的例子。这样,读者就可以和我们一起前进,并对照这些资料评判我们的推论。

本书是三位作者间不断对话交流的产物⑤。作为这场鲜活(live)对话的参与者,我们从彼此意见的交换、相异思想的检验和对同一文本的观点的比较中受益良多。然而对话并非局限于学者间面对面的交谈,它也存在于图书和期刊、作者和读者之间。我们将和你——我们的读者——分享这一段经历,希望本书能为已经产出诸多建设性成果的叙事研究领域做出一些贡献。

对叙事分析方法进行分类和组织的新模型

审视阅读、诠释和分析生活故事及其他叙事资料的不同可能性时,主要有以下两个独立的维度:整体方法(holistic)与类别方法(categorical);内容(content)与形式(form)。在各维度的两个极端处,可能会有明显的差异,但是通观全书,我们会看到,文本阅读的许多可能性代表了这些维度的中间观点。

第一个维度指向分析单元,也就是看从完整文本或整部叙事里提炼出来的表达或片段是不是作为一个整体而存在。这种区分有些像奥尔伯特(Allport, 1962)在"个体化(idiographic)"和"规律化(nomothetic)"研究类型之间所作的区分,也与马克斯维尔(Maxwell, 1996)、马克斯维尔和米勒(Maxwell & Miller,待出版)所作的"分门别

---

⑤　某特定领域调查者之间的谈话最近已经成为研究著述的一种形式。请参阅《作为方法的谈话》(Josselson, Lieblich, Sharabany & Wiseman, 1997)。

类(categorization)"和"置于整体背景(contextualization)"的区分非常相似。从类别视角入手的话,就像传统内容分析一样,是先把原始故事解剖开,从整个故事或者分别来自不同叙述者的数个故事文本里,将属于某一个定义范畴的部分或个别词句收集起来。与此相反,在整体方法的视野下,个人的生活故事被看作一个整体,文本的各个部分被放在与其他叙事部分一体的背景下进行诠释。当研究者的主要兴趣在于某一群人共有的问题或现象时,可能会采用类别方法;而当研究目的在于探究个人作为一个整体的发展状况时,则适合运用整体方法。

第二个维度,也即在故事内容和故事形式之间的区分,涉及阅读文献时的传统二分法。其中一端的阅读方式集中于某事件的明确内容部分,也就是:发生了什么事情,为什么发生,谁参与了此事情,等等。所有这些内容都是站在讲述者的立场上的。另一种内容导向的阅读方法则致力于得到含蓄性内容,比如,询问故事或故事的某个部分所表达的意义,个体表现出的特质或动机,讲述者采用象征手法时所使用的某一比喻等。而在另一端的阅读方式,则忽略了生活故事的内容而指向它的形式:故事的布局结构,事件发生的顺序,故事和时间轴的关系,故事的完整性和一致性,故事引发的情感,叙述的风格,隐喻或词语(如被动和主动语态)的选择,等等。由于内容通常更明显也更容易被直接把握,研究者往往倾向于去探究生活故事的形式特征,因为它看上去似乎展示了叙述者个性的更深层面。换句话说,与故事的内容方面相比,其形式方面更不易受影响或被操控,所以,就某些研究目的而言,形式分析有其独特优势。

我们想象两个维度的各部分是相互交叉的,这便产生了下面的四个单元矩阵,从而组成了叙事研究阅读的四种策略模式:

整体—内容	整体—形式
类别—内容	类别—形式

阅读的整体—内容模式利用个体完整的生活故事,聚焦于所描述的内容。要利用故事的个别部分时,比如叙事的开端或结尾,研究者

会参照其余部分所展现的内容,或者把这些个别部分放在故事整体脉络下,分析其意义。这种阅读方式常见于临床"个案研究"。

基于整体—形式模式的分析,则是着眼于生活故事的剧情发展和完整结构。例如,叙事是作为一个喜剧还是一个悲剧发展的? 故事是朝向叙述者目前生活状况上升的态势,还是从一个较为积极时期和境况下降的态势? 研究者可能会搜寻故事的一个高潮或转折点,它会给研究故事的整体发展脉络带来帮助。

类别—内容模式常被称为内容分析法。先把所研究的主题定义成许多类别,然后从文本中摘录出各种不同的表述,进行分类整理之后,划归入相应的类别。这种模式下,对叙事的量化处理是相当普遍的。分类范围可能非常狭窄,例如,包含所有叙述者所提到的、发生在他们生活中的某个政治事件的相关资料,或者宽泛一点,把所有涉及政治事件的部分都从文本里抽取出来进行分析。

类别—形式模式分析聚焦于某一叙事单元的体例或语言学特征。例如,叙述者使用了哪种隐喻? 他的被动语态表达相对于主动语态表达的频率如何? 与类别—内容阅读模式一样,体现这类特征的具体例子可从一个或几个文本里收集和计数。

四个分析模式中的每一个都是和特定类型的研究问题相关,要求使用不同种类的文本,并且都有相对更适用的特定样本规模。

读者应该时刻牢记,这些细致的区分在实际进行叙事研究和诠释时,并不总是那么清晰、绝对的,故事的形式和内容也并不总是那么容易区分的。实际上,"思想(idea)"这个词在古希腊就是指涉内容和形式两个方面。有些人可能认为,故事的形式是内容的体现,是传达信息的更微妙的方式,这和在故事里(有意识或无意识地)运用象征区别不大。而且,我们意识到,上面提到的几个从类别视角入手分析得出的结论,如叙述者在诠释其生活事件时更多地使用被动语态,可能对从整体上理解一个人极有意义。不过我们所指的类别阅读模式更多的是集中于故事的各独立部分,而不是把它作为一个整体。这些明确的区分会在接下来的章节里一一呈现(第4—7章),这些章节还给

读者提供来自我们所研究的各种阅读和分析模式的具体例证。有关
这个模式以及它的价值和不足更为完整的讨论，将在本书的最后一章
（第 8 章）予以展示。

从已有研究成果中寻找四种模式的例证

接下来，我们试着从已有的叙事研究成果中，为这四种模式寻找
例证。由于我们所提出的模式提供了一种新的系统化分类，而这些研
究资料的作者们很显然之前没有接触过它，也没有主动按照这个标准
设计自己的研究，因此在寻找合适的例子方面，我们致力于选择那些
每个模式单元最为典型的研究资料。但是，很多的叙事研究都是从多
个角度入手分析资料的，综合了四个单元的各种策略——这是我们在
第 8 章将会谈到的主题。

整体—内容阅读

这种类型的阅读把整个故事考虑在内，并重点关注它的内容。利
布里奇（Lieblich，1993）以此方式提供了娜塔莎——一个从俄罗斯移
民到以色列的年轻犹太妇女的生活故事。在和作者的几次谈话里，娜
塔莎述说了她的生活故事，以及她对自己在以色列的生活的评价。文
本分析集中于"变化"这一大的主题，它在娜塔莎生活的许多方面都
有显示——她的外表和穿着风格，她的语言，她的行为方式，她对家庭
成员的态度、对与父母之间关系的态度、对和她年龄相仿的男孩女孩
（无论他们是和自己一样的移民，还是土生土长的以色列人）之间友
谊的态度，她的职业选择，她关于性别和平等的看法，等等。移民导致
的文化变迁给娜塔莎的青春期增加了新问题，也在她人生的十字路口
创作出一幅描绘其独一无二个性的多彩图画。

利布里奇围绕着一个单个案进行研究，而贝特森（Bateson，1989）
则讲述了五个女人的故事，包括她自己的。她们都是从事创造性艺术

职业的美国人。贝特森的著作不能仅被简单地限定为"研究",她的
目标也不仅是从五个主人公的生活分析里得出系统性结论。它更多
的是一部迷人的文学作品,糅合了生动的故事和谈话,以及作者在倾
听的过程中对几位女主人公生活之间相似性和差异性的感想。故事
的焦点是女性特质、同伴关系、照顾家庭、自我实现、承担义务,等等。
贝特森传达给我们的主要讯息是,妇女的生活由各个分散领域和自我
认同碎片组成,同时,伴随着一个创造性地把它们组合到一起的即席
创作过程。她的著作说明了从整体视角入手并不需要限制在单一个
案研究内。

　　这也是乔瑟森(Josselson,1987—1996b)随后所做的一项研究的
特点。她用了20年的时间对一群妇女进行了跟踪调查研究。以整
体—内容视角为基础,同时运用马西亚(Marcia,1966)所描述的向成
人阶段过渡时"认同状态(identity statuses)"的类型学,乔瑟森把她的
访谈对象分成如下类别:"认同有成者(identity achievement)""认同
延缓者(identity moratorium)""认同混淆者(identity diffusion)""认同
阻断者(identity foreclosure)"。在好几年的时间里,她运用访谈等方
法对这些妇女进行了持续研究,以查明她们不同的发展轨迹。尽管各
类别群体生活故事之间的明显区别是很难探测的,就像不容易探明她
们过去的认同状态一样,但这个工作仍可被视为运用整体—内容方法
进行群组研究的例证。

整 体—形 式 阅 读

　　这种类型的阅读同样着眼于整部生活故事,但是聚焦点在故事的
形式特征而非故事的内容上。按照格根夫妇(Grengen & Gergen,
1988)的说法,每一个故事,不管是口头的还是书面的,都可以从它的
情节进展角度刻画其形式特征,可以通过"情节分析"识别故事的情
节发展过程。就故事的形式而言,存在三种基本模式或者曲线图:前
进、衰退和稳定。当然,一个人的故事通常是三者的混合体。在格根
夫妇的一个研究里,要求分属于两个群组(中年组和青年组)的个体

提供他们各自的生活故事，其中每一个故事都显示了主人公生活的高潮期和低谷期。然后研究者对这些故事进行"情节分析"，勾勒出所有故事的形式曲线并进行分析，在这个基础之上，最后得出每个群组的平均曲线图。研究得出，中年组的故事可以被刻画为一条"倒 U 形曲线"，也即是说，先朝向最高峰爬升，接下来的一段停滞期过后，逐渐下跌。而青年组的故事则有着"罗曼司（romance）"的形式特点，也即，一种 U 形曲线。

整体—形式阅读视角可以通过心理治疗中叙事方法的运用情况得到进一步说明。怀特和爱普斯顿（White & Epston，1990）研发了一种方法，用个人的生活故事作为治疗工具，去改变他或她的心理现实。在他们的著作《运用叙事进行治疗》（*Narrative Means to Therapeutic Ends*）里，怀特和爱普斯顿阐明了关于叙事和叙事在心理治疗中应用的理论观点。他们所提供的用以改变一个人（最初呈现的）生活故事的方法，主要涉及的就是故事的形式特征而非它的详细内容。例如，把叙述者描绘成一个英雄，而不是环境的受害者，或者把叙述者的问题作为一个"敌人"逐渐外显化。

奥默（Omer，1994）也认同这种方式，主张在心理治疗中由病人和治疗者共同创作恰当的生活故事。他提出一些附加的结构标准，以区分"差的"与"好的"生活故事，比如，生活事件的发生顺序与叙述顺序，生活故事的开端或者结局，它是一个封闭的故事还是一个开放的故事等。"差的"和"好的"则分别指涉的是原初故事里存在着缺漏或跳跃的零碎叙事，或达到内在一致性的叙事。

类 别—内 容 阅 读

传统上把这种阅读类型称作"内容分析"，它重点关注故事的每一个独立部分所呈现的内容，而不考虑完整的故事情境。费尔德曼、布鲁纳和卡尔马（Feldman，Bruner & Kalmar，1993）的研究说明了狭义类别也即特定词语的用途。研究者提供给三个年龄组的被试一些故事，并询问他们一系列有关其内容的诠释性问题，如："到目前为止,我所告诉你的最重要的事情是什么?"继而把他们的回答记录下来作为这次研究的数据资料。然后,研究者计算出特定词语出现的频率,并进行组间比较,在这种量化分析的基础上,得出关于三个年龄组诠释模式的相关结论。

当费尔德曼等人用计算特定用词的方法进行研究时,舒尔曼、卡斯特兰和塞利格曼(Schulman, Casetellon & Seligman, 1989)则考虑用一个更宽泛的分类或单元,即"事件解释单元(event-explanation units)",去探究叙述者对其生活中各种事件的归因。这些单元按照建基于斯里格曼归因类型之上的三个维度进行分析,也即,"内部控制因素(internality)""稳定性因素(stability)"和"普遍性因素(globality)"。这种方法致力于在丰富多样的叙事资料基础上,比如政治性发言、治疗记录、日记和个人信件等,去探求个体的归因风格。

麦克亚当、霍夫曼、曼斯菲尔德和戴(McAdam, Hoffman, Mansfield & Day, 1996)的研究也是从类别—内容视角入手,着手处理了几个涵义宽泛的类别。以贝肯(Bakan)有关人类自我认同的两个基本模式——主体性(agency)和社团性(communion)为起点,麦克亚当等人(McAdam et al., 1996)发展了多种工具以评价这两个宽泛的维度。他们为"社团性"定义了四个内容类别——爱/友谊,对话,关怀/帮助,统一/归属;也为"主体性"定义了四个类别——自我掌控,地位/胜利,成就/责任,权力授予。在他们的文章里,麦克亚当等人详述了在自传文本里发现和量化这些类别的步骤。

类别—形式阅读

模式的最后一个单元涉及关注生活故事各部分或各类别之形式特征的阅读方法。法雷尔(Farrell, 1993)等人的研究向我们展示了这种方法。像格根夫妇(Gergen & Gergen, 1988)一样,他们也进行资料的情节分析,但是仅注意文本的某些部分,也即叙述者生活故事里描述自己向父亲身份转变的部分。与格根夫妇(Gergen & Gergen, 1988)类似,法雷尔等人区别出三种曲线图,以描绘这种转变。

泰特洛克和苏亚菲德(Tetlock & Suedfeld, 1988)做了另一项属于类别—形式的研究。在只分析个人论点的形式而不考虑其内容的基础上，他们发展了一种评估个体"整合复杂性（integrative complexity）"的方法。这种方法包括两个维度："区分（difference）"（在评价或诠释事件时所考虑进来的问题维度的数量）和"整合（integration）"（所区分出的各种不同特质之间复杂联结的发展情况）。泰特洛克和苏亚菲德宣称，这种方法可以用于分析通过不同渠道所获得的各种言论，如外交辞令、演说、访谈、杂志社论，等等。

琳达(Linde, 1993)也分析了生活故事的形式特点，她关注的是，故事如何得以保持逻辑连贯性。琳达分析了 13 个关于职业选择的访谈，以探查创造连贯性的不同方法，其中包括时间顺序、因果关系和连续性。在她研究的这个部分，琳达聚焦于文本的形态学和论述层次方面，而不是故事的完整性方面，关注形式而非内容。

我们的这个模型不止提供一些分类，在本章最后这一部分中所引用的各种研究例证，还展示了在"叙事研究"这一宽泛主题下所进行的研究工作。而且，从贝特森（Bateson, 1989）的文献分析工作，经奥默（Omer, 1994）的临床分析法，到泰特洛克和苏亚菲德（Tetlock & Suedfeld, 1988）的细致量化研究，也都例示了一系列迥然不同的学术与方法论路径。

关于本书

在接下来的章节里，首先会简单介绍一下我们的研究项目（它为本书提供了叙事分析资料，见第 2 章），然后再详细说明阅读和分析文本的每一种模式。不过在这之前，第 3 章会先提供参与研究的两位访谈对象（一男一女）的生活故事。他们的叙事在随后的章节里被用作文本分析的各种例证。这些故事被完整地展示出来，以便读者对照文本比较我们的诠释，并主动尝试作出自己的分析。

　　第 4—7 章分别展示了从四种角度进行阅读、诠释和分析的叙事分析,这四种角度一一对应前面所提到的四个模式。每一章都由同一种模式单元的两个分析例证组成。尽管这两个例子都是用来描述同一种阅读分析模式,但在各自的运用方式上,即作为实际的研究工具方面是不一样的。每一种分析模式都邀请读者加入研究者工作的某些过程,包括各种各样的顾虑、疑惑、自我批判,这些都是每一位研究者所采纳的个人行动路线的一部分,同时也是研究者之间持续对话的反映。书中所展示的一些分析的确是研究结果推出过程的一部分,因此我们会给予详细阐述。而另外一些只是专门提出以说明某个模式的额外用途,所以只是简短呈现,没有任何经验性结论。本书的最后一章会回到与叙事研究相关的某些理论问题,并对我们提出的这种新模型进行总结:它为叙事研究领域打开的选择机会和它的局限性。

　　本书是三位研究者长期合作研究的产物,是三个人齐心协力与对话交流的成果。不过在这期间,我们一直努力保持各自的独立视角,本书的各章节都能体现这一点。当书中某种方法在我们的通力合作下被研究出来时,我们每一个人也都同时发展了自己用于阅读和分析的工具。第 5 章的第 2 部分是唯一一个三人一起发展和执行的分析例证。塔玛关注类别—形式分析,在这个模式里,她发展了一种评价叙事之认知机能的工具,提出探察文本中情感表达的方法。里弗卡投入到把故事作为一个整体而进行的情节结构分析中,同时也运用了内容分析法,去理解受访者的家庭动力学(family dynamics)。米切尔——我们研究团队的高级研究助理,贡献了她自己关于早期记忆及其在整体—内容阅读中的作用的分析。最后,艾米娅为第 3 章呈现的叙事写了两个个案研究,作为整体—内容分析单元的例子,并发展了对受访者生活故事里中学部分的内容分析法。这些章节及它们呈现出的分析都是由各位研究者独立完成的,提供了对相同叙事资料的多种阅读模式和不同视角,因此就得请我们的读者亲自去比较和整合这些多样的讯息,通过自己的努力,通过细读此书,通过参照我们集体工作的结晶,发展自己的阅读和分析技巧,描绘出属于你自己的美妙图画。

第 2 章

我们自己的研究叙事

本书用生活故事这种叙事资料来展示阅读、分析和诠释叙事的各种程序，这些生活故事都来自一个在以色列进行的大型应用研究项目（1992—1995）。如同我们先前所论述的，生活故事总是有它的相关背景，本章的目的就是为这个研究提供一个简短概述，包括它的目的、抽样和实施步骤，作为后面呈现的叙事资料和分析的背景。换句话说，我们的目的不在于全面具体地描述这项研究，包括它的理论背景和它的结果（就像递交给那些资助研究的基金会的技术性理论报告那样）（Lieblich, Tuval, & Zilber, 1995），而是要强调那些与本书目的相关的内容。

背　景

1948 年，以色列成为一个独立国家，此后，大量犹太人从世界各地，尤其是发展中国家移民至此。这些移民给以色列带来了许多亟待解决的社会问题，卡尔·弗兰肯斯坦（Carl Frankenstein, 1970a, 1970b）的"补偿性教学（rehabilitative teaching）"理论①是处理这些移民所带来的文化和教育问题的一个独特途径。具体来说，在当时的以色列，"下层民众"的问题通过学校成就和学术动机的显著差异及各种被认为不当的行为方式而变得明显起来。这些问题刻画了那些来

---

① 弗兰肯斯坦的大部分著作，和他的追随者们的著作一样，都没有被翻译成英文。主要的希伯来语出版物是：Frankenstein(1970b, 1972, 1981)。有关弗兰肯斯坦的方法的更多说明请见：Eiger(1975)、Eiger & Amir(1987)。

自低社会经济地位（SES：socioeconomic status）和低教育水平家庭
（通常是文盲家庭）孩子的特征，他们中的大部分都是从中东和北非
国家来的移民。

当时的许多教师、行政人员和学者，以及受到世界各地教育经验
影响的人，都提议在学校系统中采取各种分析和补救教育差距的措施
（如，Amir，Sharan & Ben Ari，1984；Eshel & Klein，1995；Klein & Eshel，
1980）。为了给所有学生提供平等的机会，整合是以色列公立学校机
构最常采用的措施。但是，弗兰肯斯坦——教育领域的杰出权威——
提出了一项新颖而又富有争议的教育计划，不过在实践中它却导致了
下层学生被安排进入独立教室的隔离现象。从他的理论性概念来解
释，教育差距是一个"次级延迟（secondary retardation）"的综合病症，
是由恶劣的移民家庭环境、低社会经济地位、家庭成员等因素导致的。
依照他的主张，为了修补学生的"受损智力"，需要进行"补偿性教
学"。结果，弗兰肯斯坦发展了一种针对所有学术性科目的综合教学
法，用于各独立班级去教授 12～18 岁的被试人群②。在实践过程中，
这些学生从不同的城区被挑选出来，从而脱离了他们原来常规的中学
班级，进入新的实验班级并被给予额外帮助，受到那些接受了如何引
导学生逐渐恢复其智力机能的专门培训的教师的照顾。从学术角度
来看，补偿性教学计划似乎对下层学生有着潜在的益处。但是，从学
生被打上"劣等生"烙印和从"正常"同龄人中隔离出来的后果来看，
它所付出的实质性代价是不能被否认的。实际上，最初的计划是，两
年的分流学习后，把所有的下层学生并入到常规的教室里去，但是由
于许多不可预知的困难，这个计划无论在早期还是在后来的几年里，
都没有得到具体落实。当然，应该用发展的眼光看问题，弗兰肯斯坦
提出与发展他的理论和方法是在 20 世纪的 50 年代和 60 年代，是在
一个与我们这个时代有着极大区别的社会智力环境里，此外，当时的

---

② 尽管为下层学生所提供的干预或充实计划通常是针对年幼儿童的［如，关于"领先计划
（Head Start）"的报告；Zigler & Valentine，1979；Barnett，1993；Bruner，1996］，弗兰肯斯坦的补偿性教
学计划却瞄准初中和高中的学生。注意到这一点是很有意思的。

以色列学校系统处在必须吸收大量移民学生的压力之下。

关于这种方法和它的理论基础，我们不多加评价，它们也与本书没有直接的关联，只需要指出，由于它和"大熔炉"意识形态明显不同，所以弗兰肯斯坦的计划从来没有被大范围实施过，这就足够了。不过有一个例外，稍后我们会提到，从 1966 年开始，它在精英中学——以色列最好的中学之一——得以运用实施。实施这个计划的头两个班级被视作教育实验班，并伴有评价性研究（Frankenstein，1970a），学生们普遍取得了显著的学术成就。但是，这些学生在整个中学学习时期的社会和个人层面特点如何，原本的研究中并没有直接评价。这次实验之后，直到今天，精英中学还在实施着补偿性教学计划，每年特别挑选出相应的学生组成一到两个班级，进行特别教学——这个计划也经常是公众讨论和批评的主题。

我们研究和选取样本的一般方法

精英中学的领导们一直在为这个富有争议的政策做不懈的辩护，1991 年，他们请艾米娅（Amia Lieblich）做了一个对接受过补偿性教学的毕业生的后续研究。而里弗卡（Rivka Tuval-Mashiach）接受了艾米娅的邀请，一起设计和完成了这项研究。

在研究了相关文献并与教师及其他学校官员进行了多次会面之后，我们决定采用质性研究方法（Greene，1994）来进行这项研究，因为它也许更能触及参与补偿性教学计划的独特和意义深远的积极影响，同样也能了解参加计划的负面影响是什么。不过，我们也计划运用目前最新的人口统计学方法和几个有关人格特质和评价的客观测评③。鉴于弗兰肯斯坦（Frankenstein，1970a）所宣称的——这种教育性干预

---

③　客观测评所测量的变量，有自尊（Spence，Helmreich，& Stapp，1975）、坚韧性（Kobasa，1982）、控制源（Rotter，1966）、价值系统（Schwartz & Bilsky，1987）。这些测评的样本规模很小，还有在这里不准备提及的测评所带来的后果，所以它们对本书中资料分析的用途很有限。

带来的所谓变化进程是相当漫长的，甚至可能要在当事人以后的生活中才能显示出来，所以，我们决定分两个成人组着手进行研究，分别是1970级毕业生（第一个"实验"班）和1982级毕业生。访谈实施的时候（1992—1993），两组研究参与者的平均年龄分别是：41～42岁（中学毕业大约22年，我们称为中年组）和28～29岁（中学毕业大约10年，我们称为青年组）。

　　为拓宽研究的范围，考虑到进行比较对照的一些问题，我们也调查了在同一个城市、具有相似背景，但毕业于其他学校的相同年龄的一些个体。精英中学的最初要求是，安排一个"控制组"——在综合教室（和精英中学的隔离政策恰恰相反）学习的具有相似发展潜力的下层学生，然后通过和精英中学毕业生组间的一系列比较，来评价这个计划。由于"控制组"的思想不适合先前章节所呈现的叙事研究模式④，所以我们没有使用这个概念。而且在实践中，要精确衡量出各选择组被试在进入中学前的发展潜力是相似还是不同，是不可能的。

　　通过比对同一个城市的两种综合中学毕业生和精英中学毕业生的名单，我们锁定了研究对象。人口流动和家庭姓氏的改动——尤其是对已婚妇女而言——使寻找这些研究对象成为非常棘手的问题。我们最初采用了电话接触方式，目的在于获得相关人士的许可，同意来参与一个据称是"为了写一本书而做的关于你这个年龄组个体的生活故事的研究"。之所以提出这样一个极其一般化的目标，是为了避免一开始就强调其中学经历所带来的影响，从而有利于获得一个关于这一时期的自发、原始画面，以作为个体完整生活故事的一部分。在这次电话交谈中，候选人被告知，以后将会有两次面谈，每次约一个半小时，会在他们方便的时间和地点进行。那些提出保密性问题的人则被确切告知，即使是在早期阶段（同样在后期阶段也即会谈开始之后），他们的故事如果未来要被用在我们的书里，我们会首先送给他们检阅、评论和修改，并且他们有决定不被引用的权力。如果在这个

---

　　④　要获得关于此主题的更多资料，请见：Runyan（1984），Crabtree & Miller（1982）。

阶段此事项没有被提出,那么会在面谈即将结束时由访谈者提出来⑤。总的来说,通过电话接触的人中仅有 40% 同意了研究的访谈要求,余下的那 60%,大部分是因为缺乏兴趣或时间问题而拒绝了。

一共有 74 个人参与了这项研究,正如前面所界定的,他们来自两种不同的中学背景——分别被描述性地界定为隔离性环境和整合性环境。于是,就形成了两大组别四个研究组。这 74 个人按照其年龄、中学环境(和性别)被划分到不同的研究组之后,具体分布情况如下:

中年组,被隔离——19 人(7 位女性,12 位男性)

中年组,被整合——17 人(7 位女性,10 位男性)

青年组,被隔离——18 人(10 位女性,8 位男性)

青年组,被整合——20 人(10 位女性,10 位男性)

生活故事访谈

这项研究的程序仅以与本书目的相关的方式进行描述,集中于生活故事访谈。

访谈由 5 位训练有素的女性访谈者(本书的 3 位作者和 2 位志愿者⑥)负责进行,采用一对一访谈的形式。按照受访者的意愿,第一次访谈会面的地点安排在他们的家中。有一小部分受访者要求在自己的工作地点进行访谈,因为在那里,他们会有比在家里更安静和更私人化的空间。在大多数个案中,生活故事访谈进行了一次会面后,为求完整性又进行了第二次(有的人有第三次,但很少)。在获取完整的生活故事时,我们使用了几份问卷(见本章注释③)。每一位访谈者都要为所有的电话接触和与特定访谈对象的访谈负责。所有的谈话都被录音。有关访谈环境和其他各种给访谈者留下印象的方面都

---

⑤　有关叙事研究的道德考虑的问题超出了现阶段研究的范围,见:Josselson(1996a)。

⑥　见本章注释③。

要被记录下来。

鉴于参与到研究中的人数众多，我们选择获取生活故事的方法呈现为一种在希望和需要之间的折中：一方面，希望获得自由和丰富的自我叙事；另一方面，则需要限制时间分配和每个人的资料数量。接下来的章节里会显示出，这种访谈对某些类型的分析有利，但是却限制了其他类型的分析。斯卡夫（Scarf, 1981）和麦克亚当斯（McAdams, 1985, 1993）已经相继呈现了相似的生活故事访谈程序。

在访谈的一开始，访谈者就介绍了下面的"人生阶段概览"任务：

> 每个人的生活故事都可以写成一本书。希望你现在就像正在写一本书一样回想你的生活。首先，考虑一下这本书的章节。我这里有一张纸，可以帮助你完成这项任务。在第一栏里写下年份——从 0 开始，从你出生那天算起。第一个阶段何时结束？写在这个地方。然后继续下面的章节，写下每一个阶段开始时和结束时你的年龄，一直写到你现在的年龄。你可以使用任何数目的章节或阶段，只要你认为它与自己的生活相符合。

需要递交给访谈对象的这页纸包括两栏——左面一栏是以年龄为界所描绘的各个阶段，右面一栏是为每一个阶段提供标题。当左面的章节栏目都被记录填写完毕之后，我们给出第二项任务："现在，请思考一下，你要给这边的每一章起个什么题目，写在右面这一栏里。"

当访谈对象完成了人生阶段概览表后，访谈者把它放在两个人都能看到的位置并如是说："下面我将就你所提出的每一个阶段问几个问题。"这个指令意在就每一个人生阶段把受访者引向下面四个问题：

1."请告诉我，在这个阶段里你能记起的一个有意义的插曲或者一段记忆。"

2."在这个阶段里你是怎么样的一个人？"

3."这段时期对你有重要影响的人是谁？为什么？"

4."刚才做概览的时候，是什么原因让你选择终止这个阶段？"

　　虽然它们都是非常精确的指令,大部分访谈对象还是额外提供了自己每个人生阶段的一般描述性报告。多数人是按照上面所列问题的角度依次展开自己的叙述,另外一些人则没有遵循访谈者所提供的特定方向。在这个过程中,访谈者会提出试探性问题或者进一步追问,以获得更清晰的故事内容,或者鼓励叙述者继续下去。

　　当完成了整个人生阶段概览表之后,三个最终的主题就被引入:①请那些谈到了中学记忆但是没有细说的访谈对象,给出关于这一阶段更详尽的细节。这个要求透露了本研究的特定目标,也即我们追踪调查这个城市各中学毕业生的根本目的。②探究这些研究参与者对未来生活的期望。③向那些已经为人父母的人(所有中年组对象和青年组约一半的访谈对象)提出一个问题,即他们对自己孩子的未来期望是什么样的。

　　几位访谈者都接受过这一程序方法的训练,并被告诫,在态度上不要过于机械和正式,而是要对讲述者的叙述路线保持开放和有弹性的态度,以便能获得一部真实的生活故事。作为这种定位的结果,同时还因为访谈者之间和叙述者之间个别差异的存在,以及每一对当事人谈话过程中互动形式的不同,访谈记录草案之间差别非常大。有一些是独白形式的,提供了一种几乎完全没有被打断的叙事。另一些则更富对话性质,包括许多我问你答形式的过渡⑦。有几位访谈者非常精确地执行每一阶段中的那四个主要问题,而另外几个则是随着叙述者的故事让这些问题自己呈现出来。为了追求真实性,我们摒弃了那些严格与烦琐的形式要求,因此多样化的记录和分析自然就在意料之中了。

---

　　⑦　在做某些分析时,访谈中出现的谈话的变异性应该考虑进去——见第 7 章的认知机能分析。

认真处理我们的发现：团队合作

随着接触和访谈了更多的人，我们以两种主要方式拓展了资料收集过程。在技术层面上，每一次访谈都要以完整副本形式提交。在录音机和文字处理软件协助下，几个研究助理逐字逐句键入谈话的内容。难以识别的记录部分则寻求访谈者的帮助。我们告知记录员把自己听到的任何事情都记录下来，包括重复、非词语性表达、不完整话语、停顿和情绪表示（笑、叹气、流泪等）。选择和培训记录员时，一个非常重要的方面就是，确保她们理解访谈的本质，做到不去思考谈论的内容。为保证精确性，我们选择了访谈文稿的某些部分，就其录音副本和谈话记录进行了比较。74 场访谈的所有打印文稿页数超过了4500 页。

在进行这个有着非常意义的工作的同时，访谈者间一周一次的小组会议也在进行。在那里，大家一起分享疑虑、提出问题，经验丰富者给初学者提供反馈，种下了整个研究分析和诠释过程的第一粒种子。对那些正处在访谈进行阶段的访谈者和那些通过谈论自己最近的经历以便获得随后访谈思路的访谈者来说，这些会议尤其重要。例如，有这么一个经常被提出的问题：如何应付那些非常内向、少言寡语，或者（更为常见的）那些不能把自己的话题控制在被要求框架内的访谈对象？这种每周会议的"你来我往"式交流有着不同寻常的巨大意义，它维持了我们对研究项目的兴趣，提高了我们的访谈技巧，鼓舞和充实着我们每一个人。在几个年龄、生活经历、研究技术及研究背景（临床心理学、社会心理学、发展心理学和教育学）都不同的女人之间，种种观点的聚合或分歧打下了这类研究所必需的殷实基础。我们认为要做这种研究，单枪匹马即便可能，也必定是非常困难的。

这些会议讨论和对所收集资料的处理过程都写在我们的研究报告里（Lieblich, Tuval, & Zilber, 1995），报告试图去评价两种不同类型的学校环境给研究参与者所带来的正面和负面的长期影响。后来,这个报告促成了我们和精英中学领导人之间关于补偿性教学计划之未来的对话。尽管在这里我们并不想扩大这些问题的影响,但接下来的章节里还是有其中某些问题的影子。一方面,我们经历了收集大量叙事资料的过程;另一方面,能够给阅读和分析这些叙事资料提供指导的著作非常少,所以,我们决定着手进行这项研究工作,促成这本方法论性质的书的完成。

第 3 章

两个人的生活故事

　　这一章呈现了两个从研究的中年组中获取的生活故事。这些故事被用作不同类型的阅读和分析例证。为保护叙述者隐私,整本书中的人名全部做了改动①。

萨　拉

　　萨拉,42 岁,是艾米娅·利布里奇的访谈对象。

　　访谈分两次进行,地点都在萨拉位于郊区的家中,在谈话的过程中,她年幼的孩子们总是围着她跑来跑去。

　　接下来要展示的生活故事建立在访谈的记录文稿之上,记录分成三个部分:

　　第一部分:萨拉和访谈者所谈内容的一份精确和完整的记录副本,包括所有的口头表达。

　　第二部分:一份有关萨拉言谈的逐字记录。重复的话语和未完成的句子都从文本中删除了。

　　第一部分和第二部分共同呈现了访谈的首次会面情况。因为萨拉(一位专业教师)谈吐非常清楚,两部分之间的风格差别并不明显,不像有些访谈记录,两个部分看起来似乎是呈现了两位访谈对象。

　　第三部分:第二次访谈中萨拉所谈的经编辑和少许删减后的版本。

————————

　　① 在写这本书的过程中,我们把萨拉和大卫的所有生活故事都送给他们过目,并得到了他们的出版授权。

选择一个完整的还是编辑过的文本，视下面几个因素而定：文本的意向性用途、为读者的考虑（一份详尽而冗长的文本读起来是比较困难的）、篇幅限制之类的实际事务。当进行一种正式的语言分析时，所有的言语表达都非常重要（Rosenthal, 1993）；而如果要用一个文本去理解更广泛意义上的特征时——如生活事件的顺序、心理动机、生活故事的主旋律，一个编辑后的版本会更有用。

出现在后面文本里（同样也出现在大卫的生活故事里）的几种符号如下：

- 方括号，表示额外添加的被叙述者遗漏的一个词或短语。
- 圆括号，表示由作者附加的一个描述性或解释性的词或短语。
- 省略号，表示谈话流的一次停顿。
- 方括号里的省略号，表示一句话、几句话或一个段落从文本中的删节。这么做通常是为了省略，因为所删节部分实质上在前面已经出现过了。
- 引号表示被叙述者转述的对话。它们通常是由上下文推断出来的。
- 第三部分中另起的一些段落意指某个话题的结束，或者由我们所推断的话题的转移。

萨拉的人生阶段概览如下：

阶段 1：从出生到 6 岁，童年

阶段 2：6~12/13 岁，小学

阶段 3：13~18 岁，中学*

阶段 4：18~20 岁，军队②

阶段 5：20~30 岁，教书的单身女人

阶段 6：30~40 岁，成家

---

* 以色列现行教育体制为 6—3—3 学制，即 6 年小学，3 年初中，3 年高中。——译者注

② 参与研究者都是以色列人，在以色列，服役是每一个犹太公民的义务：女子 2 年（18~20 岁），男子 3 年（18~21 岁）。

第一部分

访谈者(以下简称 I):那么,请谈谈你人生的第一个阶段吧,比如你的家庭、你的父母等。

萨拉(以下简称 S):好的,唔……我会给你一个大体背景。我的父亲来自伊朗,母亲来自土耳其,我们家里有 4 个孩子,我是第一个,妹妹比我小两岁,还有……啊,我的弟弟[比我小]7 岁,后来,我已经上了中学,爸妈都老了,我的小妹妹又出生了,现在已经 26 岁了,他们算是老年得子吧。一段非常普通的童年生活,家庭……

I:你们住在哪里?

S:我们住在 C(一个城市的名称)的 BG(一个社区的名称),一直到 4 岁,我们都是住在家里,和妈妈一起,被妈妈宠着,然后,去幼儿园待了两年,其实就是那种托儿所……我有着对幼儿园的美好记忆,我甚至还记得老师们的名字,因为我在那里如此快乐,它给了我非常多的乐趣。我的妈妈,那时没有——其实一直也没有——工作。后来她就一直照顾孩子,不过那是我们家里面孩子都比较大一些的时候了。所以我经常是快快乐乐地回到家,妈妈做好饭等着我们,欢迎我们,唔……就是这样。我记得她烧的菜非常好吃,我们都吃得好开心。爸爸一直在非常辛劳地工作。

I:他做什么工作?

S:那个时候他是个普通的警察,再后来是边做警察边做会计,然后一直都做会计了,不过也干点别的事情。他经常要同时做两份工作,每天都[工作]到很晚,以赚足我们一家人的生活费用。我能记起的就是这些了,真的。

I:你能想起一个特别的情节吗,也许是某件很突出的事情?

S:很特别的事情,是有这么一个,一次经历,一次要加引号的经历,非常不愉快。那是……我想我还在幼儿园时,是的,那时我一个妹妹刚出生,我不记得了,或许她只有 1 岁,就夭折了。我不记得当时的

情境，但是我记得那个七日服丧期③，它让我很长一段时间都非常
不愉快，我能记起的只是不安、骚乱。那是一间移民安居项目下的
小房子，我们在搬入另一所公寓前，一直住在那里。我记得这段经
历，所谓的"经历"，我又要开始说了，一个挤满了人的小房子……

I：她已经 1 岁了吗？

S：她离开时大概是 1 岁，让我想想，或者是 10 个月吧。据我从我母亲
那里得知的情况……不太记得了，她是生病死的，一种儿童病，也许
后来发展成一种别的什么病，不太清楚是什么，如果没弄错的话，是
肝炎，如果我记得准确的话。所以［我记得］当时的骚动不安，那么
多人，躺在或坐在地板上，进进出出，我迷失了，不知所措，就跑出去
到邻居家玩，我甚至搞不懂究竟发生了什么事情，是邻居家一个稍
微大一些的姐姐告诉我："你知道你家里为什么有那么多人吗？因
为你的妹妹死了。"这让我非常吃惊，的确只是这样，呃……我问了
很多问题。所以这个经历对我而言是太不一般了，印象非常深刻。

I：不过她不是紧接着你之后出生的，是你的第二个妹妹？

S：（和访谈者的问题同时）是的，她排行第三。

I：是啊。

S：她是家里第三个女孩，啊……是这样的。这是一次非常痛苦的经
历。的确是。在我念小学一年级时，我们搬到新家，我想，就是那一
年的开始，我们搬了家，那是一段非常愉快的时光。我清楚地记得，
大卡车如何开过来，载满我们的东西，它还接送我去学校——我也
在（当地一所学校的名字）学习，他们在我上课时来了，于是，我们
就上去，车开了。我还记得我的妹妹，托儿所的确和我家很近，她那
时 4 岁，比我小两岁，所以她要在那里待着，直到最后那一刻……搬
家时……那之后，我们回想起来，感觉她受到了很大的惊吓，她看到
整个家被打包搬运走，想象自己会被留在托儿所，我们将不带她一

---

③ "七日服丧期(shiva)"意味着"七天"，是犹太传统，指某家族成员去世后的七日哀悼期。
在这一周里，亲戚和朋友会来看望服丧的家庭，并且，如果他们是正统的犹太教的话，祈祷是在家里
进行的。

块儿走（笑）。就是这样。我们到了一个新公寓，在那里也有这样的经历：新学校班级里的同学突然看到我，就问我，"你来这儿做什么？你不属于这里。"我必须向他们解释，我是刚搬家过来的——这好像就发生在昨天一样。

I：那么你一直待在同一所学校，你们没有……？

S：我留在……这个阶段我一直待在这所学校里。

I：还有关于这个阶段的最后一个问题，因为我们要进入下一个了。

S：好吧，最后一个。

I：周围的人你都记得谁？对你有意义的角色，从出生到 6 岁，在你所说的第一个人生阶段里？

S：这个嘛，我不知道他们是仅属于这一个阶段，还是也属于下一个——我深深爱着的人是我的外祖父和外祖母。

I：他们和你家住得很近吗？

S：不近。我们住得不近，他们住在 MD（另一个地区），但是我们的关系非常亲近，而且我记得我们经常都去那儿，去得非常勤，只是乘坐公共汽车让人感觉不太好，但是仍然非常快乐——我们那个时候并没有被宠坏。确实非常快乐，他们也经常来看我们，从第一个阶段直到后来我都上了小学了，一直都是这样。所以我们的关系非常亲。

I：为什么和他们在一起这么愉快？

S：（沉默）我不知道，我也是，也许是因为我是家里第一个孩子，一直都是那个被宠爱的掌上明珠，引用别的话说就是（笑），"我是这个家里的女儿"（a daughter of the home）④，我受到很多关注，很多的爱。再说点别的事情，那个时候我还有位姑妈，当时是单身，噢，上帝啊，我想起来了，上帝保佑，她几年前就已经过世了，是 3 年前，她一直都是单身。她是我爸爸的姐姐，周五和周六经常带着我去她家。在路上她会让车停下来，停在市中心广场，然后给我买上一本书或一些玩具。我甚至记得那个时候我有辆小三轮车，我非常喜欢

---

④ 术语"家里的女儿"，有时是"家里的女孩"，不是希伯来文里的惯用语。它被萨拉用作一个独特的表达方式，此种表达受了拉地诺语（Ladino）的影响，一种西班牙犹太人常说的方言。

它,姑妈也乐意把它放在计程车里,载着我——每一件事情都给我
快乐,也给了她快乐,真的,和她在一起有那么多的乐趣,而她也就
不感到孤独了。是这样的,我知道……

I:那么,如果要你刻画一下第一个年龄段的自己,你会把自己描述为
一个招人喜欢的孩子吗?

S:我想是这样的,是的,在每个年龄段,的确是每一个。

I:是啊。

S:在西班牙语⑤里我们说 Bechorika——一个备受喜爱的长女……我
也是,我想我知道怎样去回报这种爱。我深深依恋着自己的家庭,
我想直到今天,对我来说都是最重要的,别的什么与之比起来都微
不足道。

I:好吧。无论如何每一个阶段我都会问你怎样看待自己,也许这是会
变化的。不过我很好奇,当你说自己是长女时,有性别因素在里面
吗? 如果是个男孩子会怎么样?

S:不,一点也没有,因为一直……

I:不是? 对你来说不是这样?

S:不是这样。因为一直以来,比如,我的爸爸,我的妈妈告诉我,当时
我的爸爸一直都在想也确信会生个男孩,比如,当他第一次买衣服
时,他买了一件男婴的纽扣衫,所以这和我是个女孩确实没有关
系……

I:是啊。

S:你要知道,这并不意味着他们有不公平地对待家里的孩子——每
一个孩子都有他特殊的位置。但是,的确,因为我是长女的缘故,我
想我总是被宠爱,总之可能还是有一定关系的,是的,对我多少有些
偏爱,我甚至不知该叫它什么,但是我的确得到了所有人最好的
照顾。

I:很好,那么这个阶段直到 6 岁,因为你们搬家了,或者是因为你去了
学校?

——————————

⑤ 拉地诺语——见本章注释④。

S:这正是我准备告诉你的一年级[发生的]事情。我们搬过去,也进了小学,在那里的记忆,给我印象最深的是一年级的一位老师,她也跟着我们到了二年级。我记得她的名字,我记得当时所参加的表演,甚至我说的那些台词,因为她经常让我参与演出。那个时候,她也去拜访我的父母——当他们来到那个新地方以后。我的妈妈结婚时很年轻,直到今天,我的妈妈都是一个非常漂亮的女人。但是在那个时候,妈妈的确是个不一般的美女,在当时的环境里如此与众不同。我的父亲肤色很黑,来自伊朗,妈妈则是那么年轻,金发碧眼,有着白皙的肤色,所以,那时妈妈甚至都说,老师看见她时[就问]:"你来这个地方做什么?"换句话说,在我成为她的学生之前,我们就有了直接的接触,甚至是当她刚刚来到那个地方的时候。后来我成了她的学生⑥,我仍能记得跟着她去动物园的那次经历,她是如何从班里指派了一个小男孩做我的伙伴,还有那些我参加的演出。比如,我记得我从来没有犯过拼写错误,但是那时,一年级时,爸爸还是个警察的时候,我记得在那次非同寻常的听写练习时,我竟然把警察这个词给拼错了!"太不可思议了,你怎么能在'警察'这个词上犯错误?你的爸爸是个警察,而你竟然把警察这个词拼错?"就是那样,我仍然记得这些话。我经常帮她布置教室,帮她做些班里的事情。第一年级和第二年级的确是一段不一般的经历。第三年级和第四年级则非常一般了,那时的老师们我也记得,我去拜访他们,因为其中一位有了宝宝,我们关系很好。四年级或者五年级时,我们家附近建起一所新的学校。问题就来了,我必须转到那所新学校,可是我喜欢我原来的班级,那里有那么多好朋友,我非常不愿意离开那里。记得当时父母都为我争取、努力,最后他们赢了,我们接到一封信,告诉我不用转到另一所学校去,能留在原来的班级,和好朋友在一起,真的是太好了。但是,紧接着那封明确告诉我可以留下的信之后,另一封信到达了:"不行,按照地区法律,你

---

⑥　读者可以觉察到,关于教师和萨拉妈妈的会面,与萨拉进入小学之间在细节或顺序上有一种明显的不连贯性。这种轻微的不连贯性在其生活故事别的地方也有出现。

必须转学，没有别的选择。"不过当时有那么多的孩子都搬了，从他们所在的地区和班级搬过去。今天回想一下，我很庆幸当初转学了，因为第一所学校内部的社会生活，在今天来看，或者在那之后的时间里，变得很势利了，现在当我回想起——它是怎样变成那样子的，我（在新学校）是怎么发现青年运动的，在那里（在新学校）我很活跃，后来成为辅导员，再后来作为青年运动的核心⑦（gar-in）去了军队——我从不为这次搬迁感到遗憾，换句话说，不为改变了学校和生活环境而后悔。

第二部分

[……]

　　新学校离我家非常近，所以在班级里我也很活跃。我不认为自己是个很杰出的学生，我也不是一个有才气的人，但是我喜欢学习和劳动。在五年级时，我参加了青年运动，当时我已经非常活跃了。[……]青年运动都是在周五晚上聚会，我一次都没有错过。因为我的父母并不那么严守宗教生活，依照传统⑧，我要参加安息日祈祷（the Shabbat prayer），再去参加青年运动的集会。我自愿参加了很多不同的活动，甚至是在小学里——比如在学校帮忙涂油漆。关于实地考察旅行——尽管我是家里的掌上明珠，但从来没有受过任何限制——我记得每一次旅行。第一次是在我五年级时，我妹妹上三年级，那时她还不是青年运动的成员。我带着她一道，我们去了三天，住在大山里，宿在睡袋里，父母也乐意让我们去。星期六我们常去远足，他们也让我去，从来不限制我。看看，现在的境况非常不一样了。今天我不会允许我的儿子背着背包和他的朋友们做一整天的远足旅行。

---

　　⑦　Gar-in——书面语为"核心（kernel）"——意指这一群青年运动毕业生，他们在"屯田部队（Nahal corps）"的主体名义下一起去军队服役，见本章注释⑪。
　　⑧　以色列的犹太人在遵从犹太习俗或宗教法则方面程度上差别很大。"传统的"通常指的是遵从的一个中等程度。在生活故事快要结束的时候，萨拉提到她的家庭逐渐朝向一个更严格遵守的，即一种天主教的生活方式。

过去,我们由年轻的领导者组织着一起去采野果,搭帐篷,在野外待上一天——我们确实很独立。就我作为家里的掌上明珠而言,算是非常独立的了。这经常是很矛盾的——是家里的掌上明珠,同时又非常自治和非常活跃。

I:称自己为"家里的掌上明珠"意味着什么?

S:和家庭非常亲近。例如,在暑假我非常活跃,外出实地考察旅行,做不同的业余工作,如卖旧报纸给鱼货商店,去赚钱,但我不记得为什么目的了。但是我经常很早就起床,先帮助妈妈做家务。妈妈结婚时很年轻,大约 16 岁或者 17 岁吧,18 岁那年就生了我。因此我的家庭非常年轻化,很多朋友来我家,我们一起玩时她都会加入。爸爸也经常搭建苏克棚(Sukkah)⑨,附近家庭的所有孩子都会带着五颜六色的纸张来,帮我们装饰它,我们所有人在一起,那是一种一体感。换句话说,我和我的家庭非常亲近,然而我参加社会活动也非常活跃。当上了七年级,或者是八年级时,我成了一名辅导员,年轻人的领导者——我在青年运动中的经历,包括所有的旅行和劳动夏令营,都可以自成一个故事了。

I:但是这也许是在中学吧。

S:是的,但是是从八年级开始的。今天我会问自己当时为什么会那么做。作为比自己小两岁的孩子们的领导者,我要去说服他们的父母同意他们外出旅行。我如何去承担这种责任,和一个资格老些的辅导员一起从这一家到那一家,说服那些父母把自己的孩子交给我们,跟我们一道去旅行? 在今天,如果我是一个八年级学生,我是断然不敢承担这个责任的。

I:那么这个阶段对你很重要的人是谁?

S:除父母以外,就是学校的辅导员了。

——————————

⑨ 按照犹太传统搭建起来的一种窝棚,房顶是由树枝和树叶组成的,住棚节期间在里面吃饭和睡觉。

I：某些时间里他们是同一个人吗？

S：不，他们经常是不同的人。不过，其中一个直到参军前我们都保
持着通信联系。她从以色列的集体农场（Kibbutz）来，我们一直
保持着联系，通信，互送照片，过去她也常来看我。我也和一个
男辅导员保持了很长一段时间的联系。换句话说，如果我投身
于青年运动，我会全心全意地去做，我也仍然记得那些辅导员。
最后他们都结婚了，我和那两个人一直保持着朋友关系。当然
外祖父和外祖母也是，一直都是。我去看望他们，他们知道我喜
欢某些种类的糖果或食物，所以，他们总是在厨房储藏柜里放着
这些东西。我记得外祖父母家的房子——一所老式阿拉伯建
筑，大大的房间，用的是铁钥匙。厨房在户外，是的，我记得是在
院子里，我们坐在那里聊天，或者和外祖母一起，看她用研磨机
磨杏仁。我的外祖父为了帮助我的妈妈，经常在车站等着我们，
以便我们能经常去他们那里。

I：他们什么时候移民过来的？你的妈妈是在以色列出生的吗？

S：不，她出生在土耳其。

［……］

  我妈妈是家里最小的女儿，和她父母最亲。我认为她的姐
姐们和父母都没有那么亲。她非常受父母宠爱。我的爸爸没有
父母，我的意思是他的父亲移民前就死在国外，他的母亲不久也
去世了，但是我不记得确切时间了。所以他都是称呼我外祖父
外祖母为爸爸妈妈，他们也叫他儿子。他们让他感觉到，他就是
他们的儿子，而他也是那样对待他们的。在外祖父母去世时，是
我父亲安排了葬礼的所有事情，他也总是会记着他们的逝世纪
念日。后来，当我上九年级时，正值六日战争⑩，是我的外祖父照
料着我们。他给我们买米和土豆，我们才得以填饱肚子。他还

---

⑩　以色列和它的邻国阿拉伯在1967年6月爆发的一场战争。一些战役发生在萨拉所在国
家的部分地区。

很爱看电影,所以我们经常一起去电影院。因为他看不懂希伯来文,常常说:"来这儿,教我读读写写。"我们经常一起那样坐着。

I:你说的是什么语呢?

S:希伯来语,带少许西班牙语。外祖父说希伯来语比外祖母说得要好。他们和我谈话也会用西班牙语,我回答时用希伯来语,他们都能理解。那确实是很亲密的关系。外祖母后来变得很胖,是在我上中学的时候吧,四处走动对她来说是个难事。所以我是那个时刻准备着跑到车站去接她的人,然后牵住她的手,协助她登上台阶。我总是乐意去帮忙,同时他们也经常给我些小东西——糖果、一句表扬或一个好的感觉。

I:真的很不错。

S:我妹妹上中学时,比我固执,也很少去听从别人。她和爸妈之间有很多对抗。所以,当她被他们气得快发疯时要去找谁寻求帮助呢? 就是到外祖父和外祖母那里。她要到哪里去哭诉呢? 也是去外祖父和外祖母那里。就是这么一种关系,她去找外祖母抱怨妈妈。我记得弟弟出生时,有一个人去买了床单、毛毯和所有漂亮的东西,那个人就是我的外祖父。他那时没有工作,全靠那一点微薄的退休金生活,但是谁给我买了我生平第一辆自行车呢? 也是他。所以我们有着非常亲近的关系,感觉很不一样。

I:很好,你说这个阶段直到 12 岁或 13 岁?

S:是的,我们上完了小学,必须选择一所中学。那个时候决定在精英中学开设一个实验班,是由弗兰肯斯坦教授设计的一个研究项目——我是这个项目第一个班的学生。他们组成一个团队去不同的学校,为这个项目挑选学生。我们参加了那么多的测验,好像至少要去上大学了。他们从上百个孩子里面挑选出了我们那个班。但后来的几年里他们用了一个不同的程序——从某些小学里接受整个班级的学生参加这个项目。我们确实是个了不起的班级。今天，我能看到每个人都取得了一定的成功。那个时候，他们称这个班级的孩子为"下层人"——我不知道我的父母是否也属于这个范畴，也许是因为我的父亲没有受过教育吧。你知道，下层人的定义是建立在父母的受教育程度之上的，第二个标准就是父母的出生地，我想是这样的。今天我也完全不同意这个，因为我的父亲在数学演算上很有天赋，而且他有着对事实和数据的惊人记忆力，我问他任何事情，他都能立刻回答出来。我的妈妈则接受了小学教育。她能读懂希伯来文，但是在书写方面会犯很多错误。她喜欢阅读，有时候一读就是好几个小时。无论如何，他们就是为了从下层家庭里选择有潜力的孩子——这是他们所宣称的——来看一看我们究竟能发展到多远。当时我的班里有4个孩子参加了测验，两个男孩和两个女孩，两个女孩被选中了，就是这样。所以，我转到中学可以说是一个跳跃。

I：这段时期对你而言是怎样的？

S：我的中学时光是很美好的。首先，我们班是非常团结的，因为……我怎么表达呢，我们在镇上最好的中学里组成了一个班，开始时，他们就把我们视为观察对象，尤其是第一年，似乎我们是动物园里的猴子一般。他们想看看这些刚刚到来的新家伙都是怎样的。后来我发现有些同学对此总是感到不自在，但是我不这么看。首先，我继续做青年运动的领袖，有那些直到后来我参军都有联系的朋友做伴，再有就是——我认为这所中学给予我们的的确要多于我们所期望的。我们在家庭作业方面也得到了帮助。

I：在学校里吗？

S：是的。现在当我回过头再来看这个班级时，记得有这么一个女孩，她的父亲是一个重要的行政官员，真的，不管教授们会说些什么，我们俩和其他几个人都不能被贴上"下层人"的标签。但是另外那些同学的确是,当我想起他们为这些人所投入的,和这些人是从哪些地方被带来的——那真是很不可思议、让人难以置信的事情。有一些孩子来自贫民窟,他们的父亲是嗜酒成性者,最底层的人,是来自城镇最差地区的人。他们是非常非常穷的学生。学校确实投入很多——更确切地说,尤其是当有人有了困难需要帮助的时候。对我而言,依靠记忆的历史测验是个噩梦。那时数学是我的强项,但是历史是个大问题。如果我感觉没有做好准备,就不会参加测验。在中学它是我的弱项。我想今天也没有别的学校会像他们那样对待类似问题了。他们邀请学生家长一起讨论情况,致力于发现问题究竟是什么,出在哪里。他们把我和一名历史老师组成一个学习小组。我经常去这位老师家——我是不用为此付费的——他帮助我准备测验,而且既然那是我使用的一种防御[机制]"我不知道,所以我不能参加测验",所以那种对测验的恐惧和晕场[不再出现了]。后来,我的英语又出现些问题,所以他们又安排我和另一组学生在一个老师家里学习英语,和她一起非常快活。这个老师叫 N.M,最近刚刚去世。你听说过她吗?

I:是的。

S:她是我们的指导教师。我认为她是一位模范教师,教育事业非常适合她。看,今天我看待事情很不一样了。那个时候我们有一位指导教师、一位项目负责人和一位社会工作者。比如说吧,我只是依稀记得,两个女孩打起来了,互相撕扯着对方的头发。其中一个叫另一个妓女,她们很看重这个。那个女孩不是妓女,这可是苍天不容的,但是她和男孩们经常打打闹闹,她来自一个非常贫穷的家庭。我记得骂人者受到了很严厉的惩罚,那之后再也没有什么人敢叫那女孩任何绰号了。她的确是班里最穷的孩子之一,后来被安置到另外一个学生家里接受养育,一个非常好的家庭。所以我认为,没有哪一个去那个地方的人应该承受

"下层人"这个定义。

I：那个养育她的家庭的孩子，也是你们班的吗？

S：是的，同一个班的。他们有一栋漂亮的大房子，只有一个儿子和一个女儿，所以他们收留了她，给她一个属于自己的房间，给她温暖，给她所有的东西。他们把她照顾得特别好。在军队里，她成了一名社会活动助理，现在是一位社会工作者，照顾着别人。我想说的就是这个，大部分人——有一个人除外——都获得了属于自己的成功，关于这个人，我听说了一些很糟糕的事情。在我们班的毕业生中，有电影制片人，有艺术家，有硕士学位的职业治疗师。一名数学非常棒的同学成了学习障碍儿童的教师，她可能是一个博士。换句话说，我们30个同学中的每一位都发展得不错，除了那个人以外。当时还有两个退学了：他们的确不能被教育所改造。有一个毕业生成了律师，有一个做了高级银行经理，这简直让人难以置信。

I：的确如此。这个项目是从九年级开始的吗？

S：是的。我们在一起学习了4年。那里有两个组别，一个人文学科，一个生物学科。我在人文学科组，不过我们都是在一个班里，只是这个班分成了两个组别。

I：你说你们很团结？

S：是的，非常团结。我们有很多晚会，起初是一种人为的努力。为了让我们参加，他们设法请来一些辅导员和顾问。比如，从肯尼亚旅行归来的社会工作者，她能给我们放映幻灯片。你明白吗？所以一开始确实是人为的，但是慢慢地[关系]就建立起来了。体操课和一些生物实验课都是所有学生一起上的，我们中的一些人——不是很多，但有那么一些——和普通班级的学生建立起了联系。但是我们[在我们自己的班里]很团结。现在我想起那些事情，心里还是觉得很温暖。十年级快结束时，一些同学已经有了很大进步，取得了如此好的成绩以至于能被整合到普通班级里去了。我们班为此开了一个会,会上有很激烈的讨论。有些同学不想走,因为有不安全感——我怎么能一下子就离开这个班,一个如此温暖的地方,到一个新班级里去? 而另一些不想走的,仅仅是因为考虑到那些不能被整合的不幸运儿,他们该如何面对那些同学? 这就是当时的境况。我们必须解决这个问题,我们可以调到普通班级里去,而不能调动的那些同学还要继续[留在特殊班里]。想想在第一年我们班被视为动物园一样的情景吧——谁知道以后会发生什么? 那是一场非常令人不快的辩论,但是,除了同意这个我们没有别的路可走。我们进行了投票决定。

I:决定继续做一个独立的班吗?

S:请注意,那些能调动的学生都是很突出的,留下的这些人都是不能独立应付一些问题的。坦白地说,我们中的一些人很害怕去处理——经历了这个"温室"之后——一个不同的班级,你需要再重新证明自己,要做好多的事情。另一部分则有别的考虑——不想拆散我们这个班,不想伤害那些不能调动的同学。

I:你属于能被整合的一类学生吗?

S:是的,我能走。

I:这是否就意味着,学习对你来说不是一件非常困难的事情?

S:不太困难。告诉你吧,我有这种复杂性,我不能应付那些记忆性的测试,要想起太多的材料内容让我紧张。但是到了某个阶段我就克服了。

I:你以前在小学的成绩,与在这所中学的相比,是不是差距很大?

S:不是这样的,不过,仅只是在中学第一年不太适应而已。人们经常会推开教室门,盯着我们看:在这个特殊的班级里究竟有些什么样的人呢? 我不掩饰这些,这是真实的,也不是什么秘密。但是不久,我们之间起了变化,一些人建立起关系而另一些人没有。我并不太在意这个,我最好的朋友在班里呢,还有社会活

动,青年运动更适合我。在普通班级里只有很少一部分人参加
了青年运动,更多的人去迪斯科舞厅——那个可不适合我。我
确实和那些人建立起了关系,其中有些是"上层社会"的人。第
十二年级时我有时还参加他们的聚会。

I:你一直担任青年运动的辅导员吗?

S:是的,我很关心这个,我投入很多。我们转移到了另一个地点,
年纪大一些的成员准备和粉刷俱乐部会所——我仍然困惑当初
我们为什么要做这些,我们怎么能把所有的活儿都自己揽着呢?
在旧会所时,我负责管理图书室,它是我组织起来的,我把书借
给会员们。那时我们还准备组织一次为集体农场的军事服务⑪。
我们旅行和远足。我组织了每一次劳动夏令营,也带着他们每
一个人参加。我们都是组织好了再出发。

I:你不记得有什么特殊的青春期问题吗,和你父母之间的问题?

S:没有。我认为这是一个和个人性格有关的问题。我几乎没有什
么[冲突矛盾],因为我天性乖巧。我也不是那种出了门然后就
不见了的人。他们都很信任我,我从来没有做什么过火的事
情——集会结束了,我们会散散步闲逛一会儿,要么我就回家。
他们相信我,我几乎从来没有和他们起过争执,确实没有。

I:那段时期你的朋友都有谁呢?

S:我在中学有个非常要好的朋友,现在也还联系着。不过她没有
和我一起参加青年运动。一个很安静的女孩儿,和她在一起感
觉很好。如今我们见面少多了,但是还保持着电话联系,或者一
起庆祝节日什么的。还有一个朋友搬到乡下去了。当我还是单
身时她就已经结婚生了孩子,过去我常去乡下看她。我们三个
人经常在一起。

I:你没有男朋友吗?

S:在十一年级时有一个,和我同班的。现在想想我们那时还都只

⑪　在以色列,屯田部队的部分军事勤务过去常在一个集体农场里,见本章注释⑬。

是孩子，整天吵吵闹闹，分分合合，两个人常常写信给彼此（笑）。他不是青年运动成员，我们不是一种类型的人，他喜欢迪斯科。为了寻找一条中间路线，他偶尔会去参加我们的集会，有时我也会参加他的迪斯科派对——这可是我非常不喜欢的，但是对他很重要。这就是我的男朋友。

I：你们相处了多久？

S：交往了大约一年半吧，几万次的吵架后分手了。

I：你的大学录取入学考试怎样⑫？

S：很有压力。今天我对它还很失望，一定程度上是因为我的期望太高了。我不知道自己究竟为什么会得到那样的成绩。我很失望。很明显，那段时间我得了考试焦虑症。比如数学，它一直是我的强项，我经常得 9 分或者 10 分［满分是 10 分］，在这个科目上我都是去帮助学校里同学的。可是，考试完了，我失败了。在考场上我感到头晕，想站起来离开，我会这么做的——要不是老师走过来说："坐下，你能行的，看一看那些题目，对你来说并不难。"她确实鼓励了我。我没有得到好分数，但是并没有不及格。当时我确实准备离开了！我通过了整个入学考试，没有任何一科补考，但是分数不理想。

I：是这样啊。

S：总而言之，我们是有一个学习氛围的。同学们很认真地学习，大多数人都是。他们为我们投资，但不仅仅是投资而已，事实上，他们和我们一起经历风雨。你知道，幸亏有他们为普通中学投入这么多，才没有人辍学。那些老师的奉献精神让人难以置信。今天我也是一名老师，当我单身时比现在投入得更多，我的确很在意——但是他们做得更多。那就是教育——男孩子不得留长发或者戴耳饰，女孩不能穿超短裙。这些事情显示了你的在意。

___

⑫　大学录取入学考试是中学毕业前的最后一次国家性考试。一般情况下，以色列所有中学的学生在第十二年级临结束时都要接受这样一次考试。

不仅这样，他们还给我们提供教学资料，简直不可思议。有很多人来中学参观这个项目。最后大家还有一场关于我们学到了什么的对话，结论是非常积极的。现在回想起来，当时很多学生说他们很愿意再参加一次这个项目。换句话说，他们对来到这个实验班并不感到后悔，尽管后来有些人以此为耻。有那么一些人否认这个：当被问及时，只是给出中学的名字。他们否认属于我们这个班级——这很让人悲哀。他们忽略它，不愿意想起它，为说"我来自实验班"感到羞耻。

I：你的反应是什么样呢？

S：它并没有扰乱我的生活。[……]而且最后大多数人都取得了成功，我们非常成功，每一个人都建立起美满的家庭，有了一份好工作。你可以看到，你知道，每个人都有了三四个孩子，都成了家，有了一份体面的工作。虽然即使没有上这个实验班，有些人也能达到这种成就，但毕竟不是所有人。我自己就从老师们的鼓励中受益颇多，他们告诉我我能成功。在普通班里，谁会这么重视我呢？要么我必须自己去奋斗和竭尽全力，要么可能在某个阶段辍学。也许我将不会有足够的能力去应付学习。从问题家庭里出来的孩子不善于应付事务。[……]我不去告诉每一个人我在实验班里学习过，但是如果我被问起，我不会否认它。我不为此感到羞愧。

第三部分（第二次见面）

I：告诉我一些你下一个阶段的事情吧，在军队里。

S：我和青年运动队的主体一起去了军队——"屯田"部队（Nahal）⑬。

I：是啊。

---

⑬ 屯田部队代表"青年斗争先锋"，是以色列防御力量中的一支军事部队。直到今天，屯田部队都是由青年运动的毕业生组成，他们——也即曾在一起经历服役的一小群人——形成了"核心队伍"。屯田部队的服役期分为军事训练、在一个新的集体宿营地工作、在一个集体农场工作三部分。

S:我们一伙人一起去的,其中一些和我在青年运动队一起待了好多年,也有从另一个城镇过来加入我们的、在十二年级就认识的同学。我们这些女孩受了两个月非常严格的基本训练,非常严格。今天我都怀疑,为什么女孩子非要接受如此艰难的训练,像深夜远足、超负荷体能训练。接下来就是一段美好的时光了——我们在一个沙漠边界地带发现了一个新宿营地,我们都是第一次到那里。风景非常美丽!我们 10 个女孩居住在帐篷里。餐厅和俱乐部也都在大大的帐篷里——那里的所有东西都在帐篷里。我们学会了如何与别人共处,尽管这有时不那么简单,因为有些女孩子不那么合群。但是我们同甘共苦了那么多时日。比如,那个地区有很多沙尘暴,所以要吃饭时,我们总是准备好大桶的水,用盘子盛饭前先把它们在水里放着。洗刷盘子当然也用这些桶,直到后来建了厨房水槽。

I:这是哪一年发生的事情?

S:1970 年我应征入伍,所以应该是 1971 年吧,可能是。的确是一段非常美妙的时光。

I:看起来你对自己的服役生活很满意?

S:是的,非常满意。虽然和那些男人们一样,只能在哪个周六——一个月或者六个星期之中——休个假回家。除非有人足够勇敢,能编造个理由请事假,但是那些像我一样天真的人,经常是连着六个星期都不回家。这真是一段好日子。离开宿营地我们去了集体农场,我在那里的厨房工作。我享受着那里的美好时光,尽管逐渐地每个人都快要崩溃了。男孩们继续接受更多的军事训练,女孩们也做更多不同的课业,可没有哪一项让我感兴趣了。所以,那段时间我请求调到我家附近的一个军事基地去。其实,那个时候我经常去看望我的父母,如果不是必须在厨房轮班的话,我应该在周五下午就搭便车回家过安息日了。后来,我被获准调职,成为我故乡附近一个仓库的秘书,每天下午 5 点我就可以回家了，这简直太棒了。

I：对于服役的这段时期，你能给出一个总体评价吗？

S：我在军队的时光非常美妙。首先，当我和我的朋友们在一起的时候感觉很棒，因为我并没有到一个新地方，所有的一切我都熟悉。在营地的时间可是非常不一般的，因为它是个全新的经历。比如，由于我们以帐篷为家，有帐篷俱乐部，我们的确一直很亲密，男孩女孩们住在一起，我们一起成长——尽管有那么几个不太合群的——我们是亲密无间的。

I：你获得什么个人化的东西了吗？

S：我个人获得了什么东西？好吧，我不知道它是否给了我任何新东西，除了强化了原先已有的，因为从很小的时候我就很活跃了，那算是一个延续吧，也的确是让你更有责任感了。例如，我们女孩子大都在厨房和饭厅工作，每天的任务就是准备食物和变换花样做出让男孩们喜欢的饭菜。男孩子干着地区守卫的活，所以当他们回到营地后，即使是在晚上，我们也会起来为他们准备饭菜，我们一起创造一种互相帮助的气氛，大家一起做事的气氛。我喜欢集体农场里的生活，还考虑在其中一个农场定居下来，尽管当时所在的那个并不是非常有趣的。那里有很大一批南美移民，我看到很多农场"寄生虫"，也就是那些干得不多却拿得很多的人，老是占集体农场的便宜。这可不是能吸引我留下来的农场。后来在办公室时，我受到了老板的器重，他让我承担了相当多的责任。我慢慢地和他熟悉起来，我父母也一样。过去，只要是受到邀请，他总是会去参加我家的派对。他是雇用了我，但是，并没有把我仅仅当作一个秘书看待，而是当我是他的女儿一样。他经常保护我免受那些老试图捉弄我的男兵的骚扰。就是这样。两年的服役期满了，我离开了军队，立刻在师范学院开始学习。

I：你是什么时候决定做一名教师的？

S:我想我一直是或者说从很早就是这样子了,我记得每当我们要填写种种问到"你将来要做什么"的问卷时,我都会把自己看作一名教师。我想那是作为青年运动领导人角色的延续吧。所以我参加了资格考试……

I:请等一下,在我们进入这个阶段前,能告诉我服役期间对你很重要的人都有谁吗?

S:我想还是我父母吧。不过我和我的朋友们一起待在军队的时间更多,其中一个是我在营地的男朋友——尽管他后来留下并去了装甲军团。就这些,没有别人了。和指挥官的关系也很普通,没什么特殊的,不过我有一个好朋友,和我一起在厨房工作的女孩,但是她并没有影响我什么。

I:你怎样描述这个时期的自己?

S:(思索)正如我告诉你的,我和我的家庭很亲密,但我想我是很独立的。换句话说,我乐于承担自己的责任。比如在营地时,有什么事情需要去组织,我就会做。在集体农场我和朋友们更多的是待在室内——那个农场并不太吸引我,我集中精力在团队内部,经常组织我们自己的社会活动。实际上,现在回想起来农场的生活也算是很舒服的了,因为那边有我的家庭,爸爸的两个堂姐也都是农场的成员。所以我不必去适应一个新家庭⑭。是的,我适应了,虽然以前不太了解她们,但是她们待我就像家庭的一员,甚至比我期望的好多了,这让人很舒服。每天我都去看望她们。有些女孩并不经常去看望[收养]她们的家庭,可对我来说那是件非常快乐的事情,我们一起闲聊,听音乐。她们的孩子和我差不多大,所以我们建立了不错的关系。其中一个姑妈非常外向健谈,而她的丈夫相当内向;另一个姑妈的丈夫则很有幽默感,所以,和她们在一起一直都是充满快乐和欢笑的。我父

⑭ 所有来到农场工作一段时间的单身或者年轻人士通常会被指派到"领养家庭"里去,以期在新来者和农场之间形成亲密关系。

母知道我跟着她们，也就感觉安心了，我没有待在陌生人那里，就这样。

I：很好。那么我们现在进入这个长时段——从 20 岁到 30 岁，教学、单身阶段。

S：（笑）它开始于师范学院，在那里我学习了 3 年，并成为一名合格教师。当然那里所有的学生都是女孩子。我的专业是幼儿教育，并结交了一个非常非常要好的朋友，和她的确很亲密，我们是心灵相通的挚友。

I：你住在哪里？

S：住在家里，和父母一起。在那个学院里，有些学生⑮是直接从中学上来的，推迟了她们的服役时间，所以看上去非常幼稚和孩子气，而我们服过役的学生则很严肃，也确实渴望学习并成为一名真正的教师。我不知道我是否如此喜欢我的学业，相比之下，我更喜欢实践方面的东西。我有跟随优秀教师实习的机会，从她们身上我学到了很多东西。最有意义的，也是很让我吃惊的一件事是，在学院的第三年，我被选至学院的一所模范中学做实习教师。

I：这体现了一个很高的评价。

S：我想是的，因为它算是学院最重要的学习计划之一了。我的确很担心自己会一直处在一个放大镜下，从学院来的高级职员们进行了密切的监督，但是我想自己在这一年收获很大，无论是作为一个老师的自信方面，还是学会站在学生角度考虑工作这个方面。当我在二年级工作时，学生的指导教师生病住院了，六周的时间里我顶替了她的位置。虽然那时有个助手，但这份工作同样是个很大的挑战。顺便说一下，那个时候小组教学法正在形成和发展中，而且集中在学院这所模范中学进行。我们被作

---

⑮ 希伯来语用不同的名词和动词形式来表示与男性和女性有关的方面。在讲到自己的学习和做教师的经历时，萨拉经常提到她的同学和教师，同样的，在后来，提到了她所任教学校的教师时，她都是用的阴性形式。这很清楚地表明她所谈到的都是和女性交往的经验。

为示范,其他学校都派自己的教师来参观学习。我想我在那里的确学到了很多。

我想起一件很特别的事情。在毕业派对上,当时所有的老师和学生都在场,两个我教过的模范中学的孩子给我送花,太让我吃惊了。当时没有哪个毕业生像我一样收到鲜花!我还模糊记得事后有个争论——只有我一个人收到花,这是否公平?我没有特别把它当回事。就是这样。

那时我不得不做个决定。父母那边有个亲戚是教育部的高级官员,他们建议我去和他谈一谈,看他能不能为我找一所好学校,距离我家比较近的。众所周知,单身新教师们会被派往远离城市的学校,父母很想我留在附近。但是我决定不去请求任何人的帮助。我相信我被安置去的地方就是最好的。今天我也为此感到很高兴,确实为没有费这些脑筋而欣慰。因为今天的我,一个有着自信心、奋斗方向、非常好的团队意识的教师——因为现在我们是小组合作教学——多亏了那段在 GG⑯ 的工作经历。我被派往 GG,在那里教了 3 年书。我们都是年轻的新教师,这是第一个优势,那样我就不用和那些资深教师一起工作,她们可能会给我一种自卑感或缺乏自信的感觉,因为很显然她们比我知道的更多,有更多的经验。第二个优势在于,GG 是个偏远学校,他们对那里的教育投入很多,派去最好的监督员和我们一起工作。每周都安排一个教研日,让我们去中心区的顶尖学校观察学习,并就我们所观察的课进行讨论指导。全程都有专家陪着,我们一起做了很了不起的事情。今天回想起来,当时以单身身份开始教学生涯真是一个优势,因为我能奉献出如此大量的时间,可以工作到夜里 12 点甚至凌晨 1 点。我动员全家人——甚至是我的小妹妹——帮助我,制作幻灯片,准备比赛和计划项目,所有这一切我都记得。我们有很多教学资料和素材的资金,

---

⑯　GG 是一个小城镇的名字,距离萨拉居住的那个较大城市大约 30 分钟的驱车路程。

校长从来没有对我的任何要求说个"不"字——那些都是后来我所遇到的一些困难。[……]这个校长是集体农场的成员，她强调家长参与到我们工作之中的重要性，这样就变得像一个共同体教育项目。那时我们都在学校待到很晚，甚至在教师休息室里洗澡。有一个结了婚的老师，还有个女儿，就很难跟上我们，与我们同步。那里老师们之间的关系都很好。其中一些我们现在还保持着联系。这是长时间一起工作的结果，也是因为那辆学校巴士的缘故，它每天载着我们来回于城区与 GG 之间，长途跋涉给了我们非常多的亲密共处时间。

GG 确实是给我助力、帮助我成为一名真正教师的学校，我也有着非常棒的督导员。不过 3 年后，我开始疲于坐车奔波穿梭之苦，于是就申请调动。我当时的社交圈子也很有限，因为我看到的只是那些老师[17]，她们中的一些人已经结婚了。我从不外出，每天晚上几乎都是待在家里，把自己完全投身于工作中。所以我需要改变一下了。

因为那时我的妹妹是远在南方的一个集体农场的成员，而且我也喜欢农场生活，于是就向一个农场申请了教师工作。我想到一个离我妹妹近一些的地方，那样即便是我离家很远，但离她近啊。我设法在南方找到了一个符合这些条件的农场，以雇佣教师的身份工作了一年。从教学工作角度来看那是很理想的——班里有 15 个孩子，条件也是最好的。我确实能够按照她们每一个人的水平状况，个别施教。这是非常棒的，而且我和妹妹的关系也很好，我常去看她，她也会来看我。

[……]

我教的是一年级，自己也觉得这次很幸运，我发现在生活中总是会遇到帮助我的人。这所学校的校长，M，当时是以色列总统的姐姐——一个很有个性的人。学校仅有两名雇佣教师，我

---

[17] 这是以阴性形式表达的，见本章注释[15]。

们俩成了非常要好的朋友,校长待我们就像她的女儿一样。她为我们考虑得那么周到,简直让人难以相信。校长非常体谅我想家的心情。刚去时我被告知可以一个月回一次家,我说这很困难,她体谅我,允许我三周甚至两周回一次。这意味着我不能在周日按时回来教课,但是她从来没有扣过我当天的薪水。她知道我爱在晚上工作,也就从不算计我在校的时间。她给我一种我就是农场成员的感觉——这是很不可思议的。直到现在,我都会时不时给她打电话,还去看望了她刚出生的小孙子,并且认识了她的儿媳。这确实是一种很好的关系。

I:可你还是仅仅在那里生活了一年?

S:一年后我离开是因为那里没有和我年龄相仿的人。我已经25岁了,如果再继续留在那里,可能会一直单身下去。所以我决定离开农场回家。但是我没有和父母一起居住,而是给自己租了一个地方。父母帮我找到一个靠近他们的公寓——凭我个人的力量,很难找到一个放置我所有家当的地方,而且爸妈那边也没有安置我的房间。起初我独自居住,我想一个人住,也担心自己不能和别人共享一套公寓。我在父母家吃饭,在我当年上学的那一所小学任教,租的那个公寓距离吃饭和工作的地方都近。但是那时 M 的儿媳来市区学习,提出要和我住在一起。事情很容易就解决了,她可是一个非常好的姑娘。当她离开后,我和另一个人住在了一起,我儿时的伙伴,也和我一起在部队待过。不用去寻找一个新室友真是太好了。我想我们在一起住了两年,直到 30 岁的时候,我遇到了我的丈夫,然后结婚。

I:你是怎么遇见他的?

S:那可是一个有趣的故事。从孩童时期起,我们就住在同一个地区,在那里长大,我们遇见时都是 30 岁。我是在当地的一个面包店碰见他的,店是他婶婶开的。那时他晚上学习打印技术,白天在面包店打工。我常去看望母亲的一个朋友,她也在面包店

工作,就这样见到了 D,三个月的时间里我们就决定结婚。我们
都已经到了 30 岁,觉得是时候了,仅半年的时间,我们就结婚
了。想想真是很奇妙,我们在同一个地方转圈子,可是以前从来
没有遇到过。所以这是一个新的开始。

I:你们住在哪里?

S:哦,那之前我刚刚买了一套新公寓,因为付房租比起付抵押贷款
更不划算。那是在城外新兴发展区的一座新建筑,我结婚时它
恰恰完工了。婚礼一个月后我们拿到了新房的钥匙,两个人就
以夫妻身份住了进去⑱。我是如此高兴,因为那个地方住的都是
年轻夫妇和小孩子,要是一个人的话,我真是不知道该怎么去适
应它。有一个单身女人只住了两年,就离开了。

　　就这样了。不久他们新建了一所学校,地区视察员问我是
否愿意调过来任教。我有自己的顾虑,因为我喜欢我所在的学
校,那里的人都非常好,但是每天坐车来回穿梭太辛苦了,每天
疲劳工作到最后一刻让我非常厌烦。所以最后我决定接受他的
提议,开始了在那里的工作。

　　一年后我怀孕了,我应该享受带薪假期的,于是请了一年的
假。我们去了美国看望他的姐姐,进行了一次长途旅行。回来
后我继续到学校工作,也就是今天还一直任职的这所学校,它的
确很棒。

I:和家人一起吗?

S:哦,那是最重要的。他们你都见过。

I:那给我说说他们吧。

S:好吧。我们的大儿子,A,八岁半了。他是个顺产的健康宝宝,
很容易带,小家伙带给了我们很多快乐。一年半后,女儿 B 出生
了。最初的日子很难熬,房间里有两个戴尿布的宝宝! 过了第

---

⑱ 这个句子在语法形式上非常不规范,与萨拉口语表达的高度流畅性相比尤为突出。整
体—内容分析诠释了它的意义,见第 4 章。

一年就好了,一切都是那么美好,那么有乐趣。他们关系非常好,像朋友那样一起玩耍。当 B 四岁大的时候,我的小儿子 C 出生了。有一段时期非常不容易。C 还是个婴儿时,就受到严重的呼吸疾病的困扰,他让我们受到很多惊吓——我希望这不要发生在任何一个女人身上,甚至是我的敌人身上⑲。很多次我们都是在医院陪着他。但是总的来说他是一个好孩子。我经常不放心把他一个人留给保姆看管,就带着他到学校里,一整天都和我在一起。我那两个大点的孩子,过去在他们小的时候或者生病的时候也常跟着我到学校,他们在班里很安静地玩耍,或者参加班级的活动。学生们都认识他们,他们也一点都不打扰我们。他们是学校的孩子⑳,每个人都清楚这一点。对我最小的儿子,我可不敢,这简直是不可能的(笑)——他太活跃,会扰乱课堂。

I:这些年你一直在工作吗?

S:或多或少是吧。我曾经休息了一年,生完每个孩子后也都有常规三个月的产假。后来为孩子找了个保姆,就回到学校工作了。

I:你的丈夫呢,他帮你做些家务吗?

S:你知道的,他一整天都在外面工作。他以前常帮我在超市买些东西,但是最近他几乎再也不做这个了。当我们需要看医生时他会来载着我们去,大概就是这样了。

I:你不会开车吗?

S:不会,还没有学。不过上帝送给我一份很棒的礼物——速度,这是我的幸运,我希望我会一直保持自己的步伐。朋友们都笑我,说我需要的只是一双溜冰鞋。每天我都有这么多的差事要做,要接送孩子们来回于他们的活动场所,这样可以避免他们自己横穿马路。但是到后来就轻松很多了。

I:你的母亲能帮助你吗?

---

⑲ 阴性表达,见本章注释⑮。
⑳ 指出这个短语和另一个萨拉常用来描述她在家里地位的短语"家里的女儿"之间的相似性是很有趣的。

S:你知道，她住得很远。但是，在我生每一个孩子时她都来医院陪我，我分娩时她在旁边协助我，然后和我一起回家，帮我烧饭和做其他的事情，她会每天坐巴士来这儿帮助我。几年前我动了个手术，住院好几个星期，也都是她一直照顾我。我的丈夫则在家里做得非常出色，把孩子们和整个家照顾得都很好。

I:看起来你对做一名教师和当一个妈妈都很满意。

S:我确实喜欢教那些小孩子，仅此而已。我一直有着愉快的经历，和学生们的关系也非常好。我曾经被交换职务去教十几岁的孩子，我很不快乐，我说这是我的第一次也是最后一次。我喜欢一年级和二年级孩子的天真自然，不论好坏。有时他们会说些使人非常不愉快的话，但是你知道，当他们快乐时他们会送给你非常动听的话，告诉你他们过得多么快乐。这就是我和他们的一种关系。如果他们高兴，他们会说，"我们在一起多么美妙啊，萨拉，今天我们的教室可爱极了，我们一起画的图画真是太漂亮了"。如果我换了新衣服或者比平时多化点妆，他们会说，"发生什么事了？放学后你要去哪里？"换句话说，我们的关系非常亲密。如果他们不喜欢某件事情，会立刻抱怨，但是我接受这个，因为它是真实的，不虚伪。我自己的孩子也给了我快乐，祝愿他们健康。他们都是好孩子，学习都很好，对什么事情都感兴趣。最小的那个有时候有点野，但也许这是他的天性，或者因为他是老小，比起大的那两个我们更宠爱他一些。我们还想再要个孩子，但是谁知道呢，毕竟我们不那么年轻了。

I:是啊。

S:现在，也许你想听听我的宗教生活了吧㉑。（笑）

㉑　萨拉指的是这样一个事实，她家房子的特点和她孩子的穿着及言语习惯都显示了一种犹太教生活方式，但是她自己很少如此。访谈者在第一次访谈结束时问到这一点，萨拉许诺说在生活故事结尾时会再谈谈它。以色列人可以粗略划分为正统的犹太教人群和世俗人群，由其中一方向另一方移动是相当普遍的。萨拉的丈夫和他家庭的故事在这方面是一个被称为"回到犹太教"的普通例子。

I：是的。你的丈夫笃信宗教吗？

S：不，他的家庭原来也不。但是好几年前，我不记得是几年了，他的妹妹，那时刚 16 岁，被一辆汽车撞死了。所以他的父母和兄弟们开始为她做哀悼祷告，逐渐地，全家人都回到了犹太教的生活方式，每一个人皆有他自己的方式。他的一个兄弟甚至是个极端东正教徒，每天都在犹太高等学校②（Yeshiva）学习。所以五年前，我的丈夫也开始接受了一些宗教习惯。他开始每天早晨祷告，起初只是在家里，临去工作之前，后来他说，"既然我已经祷告了，为什么不去犹太教堂呢？"就这样，事情慢慢有了变化。

实际上，最初这对我来说非常难以接受，因为我们已经习惯了每个安息日去父母家聚餐，但是作为一个正统的犹太教家庭，我们不能再做这个了，因为在周六不能开车。我试图邀请我的父母来这边度假，但是那样让家里太拥挤了，而且他们也很不自在。这仍然是我的一个困难事。不过在所有其他方面，逐渐地我也慢慢学会释怀，我不为此感到懊悔。拿孩子们的教育来说吧，他们在正统的犹太教学校要好得多。

I：但是你以前在一所世俗学校任教？

S：是的。并且当我看到那里的衰落时——我本身是一个很传统的人——非常高兴自己的孩子们去了另一类学校。在经历了一周的辛苦工作后，我也享受着自己在安息日休息的乐趣。周六是我真正的休息日。我丈夫比我更有节律。他一天两次去祷告，也每天去参加犹太教课。我不能定义自己为"信教"的，但是当家庭需要时我就这样去做。实际上，我父母在他们的生活习惯上也是很传统的。他们每周五晚上都参加祝酒活动，假期里常去犹太教堂。而且逐渐地，我比以前对此理解得更多了。无论何时，只要需要我像家庭一员那样去做时，我就去做，但其余的

---

② 一所正统的犹太教信徒学习的学校。

则依靠我的个人意愿了。

I:所以,你对处在这种关系下并不感到有压力?

S:没有。我丈夫是非常缓慢地发生这种变化的,用了很长一段时间。没有什么变化是突然发生的,我是那种能让步的人,我更在乎家庭的和谐。起初仅有的一件抱怨事,是不能在安息日回家去看望我的父母,但是我发现那对孩子们来说不错,这对我是最重要的。

I:好的。那你对自己的未来有什么计划呢?

S:这是我第一次体会到身为一名教师的不易。我的意思是,我不能为自己构想另外一种职业,虽然看上去还是一个样,但是,教学工作真的比以前困难多了。今天的孩子缺乏磨炼和管束,即使是到了青年期,还是有很多问题,甚至更多。渐渐地,当孩子们想要做的只是扰乱课堂时,我丧失了教育他们的耐心。毕竟,在这个行业干了19年了。如果能再有个孩子,我可能会休上一年的假——我想我很乐意。但另一方面,我不知道自己是否能够一直待在家里。但是我准备休息一段时间,我确定。

大　卫

　　大卫,42岁,在一家宾馆工作。他是塔玛·奇尔波的访谈对象。访谈分两次进行,地点是大卫工作的宾馆的办公室。

　　大卫的人生阶段概览如下:

　　阶段1:从出生到18岁(儿童时代和青春期),学习

　　在访谈过程中,他提出把这一阶段划分成三个部分:小学前,小学,中学。

阶段 2：18~22 岁,军队㉓

阶段 3：22~26 岁,大学

阶段 4：26~32 岁,在以色列工作

阶段 5：33~36 岁,在非洲工作

阶段 6：36~42 岁(今天),在以色列工作

下面的生活故事有少许删节和编辑,从原始记录里去掉了大部分的重复和未完成句子。大卫的一些关于他经历的较长描述,尤其是第三阶段和第四阶段里的描述,因为篇幅所限被略去了。

D：我的儿童时代很平常。一个孩子,只是一个普通的孩子而已,住在一个很好很温馨的家里。

I：你父母是做什么的?

D：我的母亲,事实上,她一直是个家庭主妇,几乎从来没有在外面工作过。有段时间,她在军队里教过法语,但是没什么特别的。我的父亲,他在一个旅行社工作。但那的确是一段无忧无虑的自由日子,去海滩玩耍,摘野葡萄,和别的伙伴一起消磨时光——没有什么特殊的。

I：你有兄弟姐妹吗?

D：有一个姐姐和一个妹妹。妹妹出生时我已经 5 岁了。但是我不把它看作我生活中的什么大事件。

I：你是什么样的一个孩子? 顽皮的?

D：不是,真的不是。我害羞,敏感,是一个爱哭的孩子,就是说,那种很容易被触怒的孩子,非常……

I：你记得这段时期的哪些人呢?

D：大多数是我的家人吧,一些叔叔伯伯,一些朋友。反正能记起的很少。不过我记得在 8 岁那年,我们搬到另一个城市,这的确让我很兴奋。突然之间我的整个生活就变了。我记得那个班级,那些新

㉓　参与研究者都是以色列人,在以色列,服役是所有犹太公民的义务:女人 2 年(18~20 岁),男人 3 年(18~21 岁)。当一个男兵志愿去进行军官课程学习时,他要投身于额外一年的服役期,这一年是带全额工资的。大卫就是这样一个例子。

同学，那所学校的结构，一切都不一样了。是的，天气都有些不同了，我经常生病。那是在二年级，那一学年的中间。我想我花了好几个月的时间去适应它，但是后来就很好了，在班级里也很受欢迎。我有很多好朋友，常常被推选进班委会。

I：你们为什么搬家？

D：我们跟着我父亲换工作而搬的，他被调到另一家旅行社，在那里他成了合伙人。

I：你喜欢学校吗？

D：我不是一个杰出的学生，算是中等偏上一点点吧，但是我相当喜欢学校。我是一个守纪律的好学生，按时做作业，但是不太努力。老师的评价经常是："要是他多用点功，多努把力，他会做得更好。"但是我没有多努力，他们也从来没有让我确信这一点。我是中等生，就这样。我们班很团结，老师教育我们要按正确的价值观行事——诚实、考试不作弊、友爱、互相帮助。在这方面我是模范生之一，因此被指派帮助两三个弱一些的同学，并帮他们做作业。我很看重这个，也的确给了他们帮助。我记得大多数时间自己都是受欢迎的和快乐的，但是很自然有时也会有封闭的感觉。现在我有了自己的孩子，把这些看得都很平常，每一个人都会有这种经历。不知何故，我记得这些心情，不过我想这在我对待自己孩子的时候很有用。

I：它们是和某些特殊事件有关，还是只是过往心情而已？

D：并不仅仅围绕某些事情，不是……也许是第一次陷入爱恋中，一些人际关系……不是有关学习的。这段时期事情都非常稳定，没有什么特别严重的事件发生。不过，当一个家伙比较受欢迎的时候——那它就是好的；而当你不那么受欢迎时，那么……[就比较坏了]。家庭关系也很好，很温暖的一个家，但是不太民主开放。换句话说，当我有问题的时候，我宁愿自己解决，而不和家人一起商量——但这并没有消减它在我眼里的温情。不过有时它也……我记不起详细情况了。我只是拥有那些心情，于是我就说"好吧，我要更多地与人接触,所以应该去找个朋友了",但是仅此而已,不会更多了。

I:小学后你去了哪里?

D:我去了 B.D.中学。我一直保持着同样的水平,也即,不是班里最好的,所以我就不能到一个最好的中学开始新的学习。实际上,我甚至没有努力,因为我知道那对我来说很困难,我可能不会成功。所以就去了 B.D.——一所普通的学校,我待在那里,合情合理,也的确如人所愿,一切进展不错,我顺利毕业了。人际关系也很不错,人缘非常好,是学校委员会等部门的成员。

我现在记得这段时期做了很多志愿工作。我志愿去照顾小儿麻痹症患者,确实很认真投入地去做。每天我都去那个儿童医院,几乎没有漏过一天——全心全意地沉浸其中。比如,如果有一个孩子需要回家过周末,而由于某些原因他的家人没有来接他,我就会推着轮椅,乘坐公共汽车,把这个孩子带回家。我可能整个周末都陪着他,再把他带回来。作为一个孩子,我做了所有的这些事情,也的确很让人吃惊! 在那种公共交通状况下,坐车简直是一种折磨,那可是一段"苦难之路"㉔(Via Dolorosa)。后来我也常带着那些残疾儿童去影院,当然我也就能看免费电影了——这都是同一段时期的事情。

我记得当时医院有个女孩,她必须去电台接受一个青少年节目的访谈,节目是现场直播的。当时没有人送她去,所以我就去了。我们坐着汽车,想方设法到达了电台。他们访谈完她以后,还剩下一些时间,就邀请我参与节目,我答应了。从那天起,我就沉湎于这个电台节目的有关工作,到后来几乎都作为他们的少年通讯员出现了——我想那时是一周两次。我经常去,去采访某个人,去准备节目,很确切的事情我不记得了,但是我的确为电台做了很多事

㉔　书面语义为"苦楚之路",是指耶稣基督背负着十字架,一路颠簸从耶路撒冷的毕瑞(Birat)法庭到骷髅地(西伯来文 Golgotha,又称髑髅地 Skull)山丘的刑场,然后被钉十字架,沿途受难所走的那段苦楚之路。

情——它们原本不在我计划之内的。我经常这样，但同时也不忽略自己其他的活动，[我奉献自己]直到诸多事情之间开始有冲突，起初的那种沉湎状态就慢慢消沉下去了。换句话说，一件事情总是在最初时占用我大量精力，后来另一个事项来了，它给我的感觉逐渐强烈，于是我就放开[第一件事情]。其实也不很确切，因为我[和以前的一些活动]一直保持着接触，只是没有最初的热情了。

在中学，我们也组织了一个无线电系统。当时每一间教室里都有扩音器，以便于校长发布公告时使用。我们就利用这个优势，每天午饭时间向全校师生播放一个节目。我记得我们关于开场音乐有很多争论，把甲壳虫乐队的歌作开场合适吗？还是不合适？它和学校的价值观冲突吗？还是不冲突？最后我们赢了。我们有很多这样的较量，就是这样。

I: 这段时间里对你有重要影响的人是谁？

D: 事实上，我并不擅长与人维持关系，所以没有从那个阶段直到现在还联系的人。但是我记得很多人，很多朋友。最近我们有一个同学聚会，甚至小学同学也有一个聚会，这的确很不一般。虽然我不在组织者之列，但还是很高兴地去了。对我来说[回答你的问题]太困难了……想一想，我能记起很多老师，但他们并没有对我的生活产生什么大的影响。只有我的一个小学老师例外，她确实逐渐给我灌输了一些价值观，直到现在我都发现很难放弃的价值观。其中，诚实对我来说是非常非常重要的，也许我比别人对它吸收得更多。我知道它来自哪里。另外有影响的人？我从来没有遇到过让我憎恨的人。我有过很多女朋友。从八年级开始就有了。每一个女朋友都交往了挺长时间，从来没有仅一周或两周就结束的。我总是会有一个固定的女朋友，这相当美妙，也对我有帮助。换句话说，那不是"就只是那样而已"，而是一件相当严肃的事情。我经常到她们的家里去，她们也常来我家，似乎是一家人一样。

I: 那么你是一个什么样的人呢？

D：我能说些什么呢？敏感，淳朴㉕——也不全是。我能给出的唯一一
　个定义是，我是一个普通的孩子，比别人多一些敏感。我很受欢
　迎，这意味着我是一个好人，我猜想是这样的。我不能随便把哪个
　老一套的说法贴在自己身上，我的确不是街头恶霸之类，但我也不
　是受压迫者。从 1 到 10 的等级表上，我应该是在 7 到 9 之间吧，通
　常是在一个好的位置。

　　那时我必须在服役问题上做个决定，最后我决定不跟随我所在
　的青年运动团体，而是作为一个独立的个体行动。我去了伞兵部
　队，但后来发现这对我来说太困难了，所以最终参加了步兵团，仍
　然是很苦的。但是我没有别的选择了。

　　我认为我很光荣地完成了训练任务。脑中留存着那些在我眼
　前完成动作任务的家伙们的印象，我不断给自己打气，"他们都能
　做到了，如果他们能做，我也能。"

　　后来，我想成为一名军官，但是测试结论是我的成绩不够好。
　我就说："好吧，没有什么值得难过的，我又不打算找一份军事工
　作，现在这样就很好了。"但那个时候的情况是，他们需要更多的人
　去修军官课程，就给我打电话。起初我说："不，不，当我想去时，你
　们拒绝了我。"他们说："来吧，都一样。"我就同意了。所以我去了，
　而且成功达到毕业水平，以至于被留下作为后来课程的训练官。
　这和我的步兵生涯相比而言美妙多了。

　　就在那时赎罪日战争㉖（Yom Kippur War）爆发了。这可是个
　灾难性事件，但是它对我的影响不太大。我所说的就是在战争
　里失去了我的叔叔。我记得他的追悼会，还有十月战争后我去戈
　兰高地（Golan Heights）的那次旅行，叔叔就是在那里阵亡的。至
　于我，因为是军官学校的一名工作人员，没有被派往战役区，但是
　我们参加了一些短暂的攻击战，并且……我的一个朋友在其中一

　　㉕　这个玩笑语来自本次访谈进行期间正在热播的一个著名"鹊桥"电视节目，里面很多男士
都用这两个形容词介绍自己。

　　㉖　发生在 1973 年 10 月的一场战争，以色列受到了埃及和叙利亚的攻击。

场战争中受了伤。这可是有一段故事的。我们被命令给其中一支军事行动派送援军过去,他们需要两队人马。[当他们要组队时]我记得要么是我要么是我这个朋友去执行这个任务,所以我们掷硬币决定谁去,结果他赢了。他去了战场,头部受了伤,直到今天还是残疾。我告诉自己,这就是命中注定。我本来也可能会去那个地方的,那或许受伤的就是我了呢! 不管怎么说,我没有去,而且我也非常出色地完成了服役任务。

I: 这段时间对你很重要的人是谁?

D: 我首先想起来的是自小学起的一个朋友,他已经死了。他得的是白血病,我记得这个因为刚好是我在步兵团接受训练的那个冬天。我们在某个北方的岗位……这对我影响很大,我想去看看他,和他说说话。我给他家打电话,结果被告知他不在那里了,我就问他是否还会回来,他们告诉我他永远不会回来了。这就是我所能记起来的。我们没有在同一所中学学习,但是我们关系不错。后来我常回去看望他的父母,他是他们的独子,对我来说维持这种接触很重要。我一直把他当作我的一个好朋友。除了他,我还有很多朋友,但没有很特殊的。

I: 那时你是一个什么样的人呢?

D: 我习惯于保持低调,不突出。我有意识地这样去做——我从来不站在队伍的第一个位置上,那样我就不会被点到。我想过安宁的生活,就做个普通人。换句话说,我只想平平凡凡的,不渴望优秀。也许是因为在前面那个时期里,我太投入志愿工作了,似乎决定不了要在哪里停下来。所以后来我才对自己说:“不,学习对我来说太难了,我应该保住我的中等水平。属于好学生之列,但不是最好的,这很重要。”

　　服役结束后我到了一个旅游接待处工作,那里相当不错。我常去饭店,住在宾馆,报告它们的服务质量。同时我还申请上大学,但被法学院拒绝了,所以我选择了第二个志愿——经济学。我想方设法做到工作学习两不误,并如期毕业。但是我不想继续学习了。经济学学士对我而言已经足够了,我想要的只是一个学位。

  我记得这一段时间工作压力很大、很紧张。仍然和往常一样,我有一个固定的女朋友,是在我23岁时碰到的,当时我因工作需要去视察一家宾馆,她在这家宾馆做接待员。大约一年后我们结婚了,一起住在我的公寓里。

I:在哪个地方呢?

D:在L(附近一地区的名字)。

I:那么这个阶段谁是最重要的人呢? 是你的妻子吗?

D:她当然是,毫无疑问。在学业上她为我做了很多。最起码晚上能有一个舒适的角落安身,用不着再出去寻找乐子了,当我工作和学习都如此忙的时候[这对我很有利]。我给自己揽的任务,就一定要把它做完。当然还是保持在中等水平的位置上,我记得当时是如何计算着做尽可能少的、足以过关的作业,只要能通过考试、拿到及格分数就行了,那就是我所期望的。

  起初,我和妻子在怀孕要孩子这件事情上并不着急。她在一家航空公司工作,今天也是,这使得我们可以自由出国。我们利用这一特权到欧洲进行短暂的周末旅行——罗马、苏黎世。那可真是放松心情的好办法。关于这一段时间,我能说点别的吗? 我在工作上得到一个很大的提升。从一个小小职员,到所在部门的副经理,被安排处理旅客们的投诉抱怨。我从来没有过像学生时代那样悠闲的社交生活,连坐下喝咖啡的时间都没有,没有时间。我买了一辆车,开着它从一个地方转到下一个地方。在工作上,如我刚才所说,得到了提升,并且被高度重视,我认为这是自己应得的。毫无疑问,是的。

  后来我意识到做那份工作很难有多么大的作为,明白这一点并没有费很长时间。我不准备继续容忍下去了,所以,结束学习一年之后,我开始寻找另一份工作。我想到一个能做出点样子的地方去工作——不是那种我一直待的大机构。我在这个事业上如何继续发展下去呢?

　　我在一家宾馆找到了一份工作，就打算从办事处辞职。当提交辞职信的时候，主管以晋升为条件挽留我，我不知道该怎么办好。就去请教我父亲——我经常请教他——也和别人谈论它，该怎么做？最后——也就之后很短的时间吧——我说，"去它的吧，我要走自己的路。"就去了宾馆工作。

　　这对我来说是个很大的跳跃，一个野心勃勃的跳跃，它是……我想是我常做的事情。尽管我对宾馆事务毫不知情，只当过旅客而已，但还是得到了一份很重要的管理工作，相当重要。好吧，我是一个经济学专业的大学毕业生，但是他们究竟给了我什么样的训练呢？在这里需要的是承担大量财务上的责任。我发现父亲那边的一些朋友，还有另一个亲戚，都有旅店管理的经验，所以，在连续三周里，每天工作完毕后的晚上，我都去向他们学习一切与新工作有关的东西。这使我想起了在 16 岁的时候，我宣称我知道如何开一辆大拖拉机，于是就去了，仅仅半天的时间，我就学会了，我真的做到了。

　　不管怎么说，宾馆工作挺困难的，但是我做得非常好，得到了大家的认可。三年后，我开始感觉这个工作对我而言太小了。我需要了解更多宾馆，这可是个大世界，并且一直有新方法产生发展着。就在那时，一家美国连锁酒店在城里新开了一个小宾馆，我认为这将是一个新的开始，于是就去那里申请了一份工作。有几个位置供我选择，而我选了一个和我以前所任职务相比低得多的位子，记得当时所有的朋友都很惊讶，跑过来问我："告诉我，为什么你要从原来宾馆的第三把交椅上跑出来，然后突然到这儿做个最普通的店员？"我回答说："我不担心，我相信自己，我准备学习。"我相信从这个小小的位置上，自己会被发现，会得到提升。

　　总的来说，宾馆刚刚开张，有成千上万的事情等着去做。他们请求我整夜待在里头盯着，我说，只要我妻子也能来的话就没问题。我想我们那样待了两周左右的时间吧。我工作很辛苦，但是很好，很有趣，也得到了很高的评价，年终拿到了第一份优秀奖励酬金。很自然地，和做其他事情一样，我太过投入，把自己的所有一切都投入到工作之中。随着时间慢慢过去，我成为那里的主要管理人之一。

不过到这里我要停一下。那个时候我们试图要个孩子，但是总难如愿。我妻子尝试了各种治疗方案，非常非常困难。所以那时我们要从诸多艰难抉择中选择一个，就是去领养一个孩子，这是迟早的事情。问题在于要承认自己有问题。对我来说很容易，但是要我妻子承认这个非常困难。这之后，我们等待了一段极其漫长的时间，才轮到申请，去领养一个孩子——花了大约三年的时间，大受折磨。然后，三周后，我们得到了一个宝宝，同时黎巴嫩战争㉗爆发了，我被动员去军队。我说："如果我要是……现在我该怎么办？"好像整个世界都在自己肩上了。当然，我服从了动员，去"保卫我的国家"。我没有做什么蠢事，但清楚记得当时自己的感觉有多糟糕。那对我妻子和我的父母来说也很难接受，太可怕了。大概三周后吧，我甚至不能从黎巴嫩给家里打电话了。那时就有了这样一种感觉：经历了所有的苦难和等待以后，如果我发生了什么事情，他们会决定从我妻子那里，一个单身妈妈那里，把孩子抱走，说都是为了孩子好，谁知道呢。但无论如何，我安全回家了。

同时，因为巨大的财政危机，我的工作也遭遇了一段暴风骤雨时期。但是我尽忠职守，保持诚信，并赢得了各方的赞誉。我已经在那里工作了五年，后来听说酒店在非洲的连锁宾馆有个职位。我觉得应该把我的忠诚献给自己的连锁店，于是就去找老板，告诉他们有这么一个机会。他们说："你准备去非洲吗？"我说："是的。"他们就说："不用担心。寻找一个人顶替你的位置，我们就会为你安排一个职位。"这正合我意，我可不是那种留下一堆烂摊子走人的家伙。

于是我们就去了非洲。起初我妻子有些迟疑，但我告诉她一个经营着类似宾馆的地方不会是什么丛林野地的。我自己是这样

㉗　以色列和它的北部邻国黎巴嫩之间的一场战争，发生于 1982 年 6 月。

看它的，尽管我并不清楚所有细节。我就是这种人，从来不会去担心什么，只管准备好去做。她接受了挑战，愿意跟我一道搬迁。最后我们带着三岁的儿子来到了这个陌生的地方，突然之间一家人都要说法语了，这个我倒是会说，但是同样的，[它不那么容易]。

关于在非洲的这两年半时间，都能写成一本书了。每天我都能学到新的东西。第三世界和我们所知道的、所能想象的任何其他地方都完全不同。即使现在能这样谈论它，但我在那里的经历是远非语言能表达清楚的。对我而言，作为一个诚实诚信之人，那里的种种腐败行为，光天化日下的腐败，太让我震惊了。那是一种专政，任何一个生活在民主政体下的人都不能揣摩透它。总而言之，那真是一段超乎想象的经历。

比如，一直都有一些当地的视察员，来到宾馆后只是说，非常公开地说："我们想要的是钱。""不，我不能给你们什么钱，但是我有一些宾馆文化衫。"他们带走了文化衫，但是说："我们可不能吃这个。"所以我赶紧去弄点食物给他们打包。这就是那里的交往活动。我不给他们钱，所以不能被称为是贿赂，但是对我来说，那些小礼物也算是贿赂了。不过也不一定，有些在良知和现实间作斗争妥协的意味。

（大卫又给了他非洲生活经历的更多例子，更多细节。）

I：看起来你从中学到了不少东西。

D：噢，当然。瞧瞧，从个人角度来说，这段时期确实改变了我。不能说完全是，但它的确让我成熟了很多。它教会我说："不。不能！"因为你面对着那么多处于令人难以置信的穷困状态的人，比如宾馆里的工人，他们向你借钱，你出于怜悯给了他们，从宾馆资金里头，而不是我个人的钱，尽管我这样做了太多次了。但是同样是这个男人，还没能还上借款，又跑来借另外一笔钱。你多少感觉到需要教育一下这个人，需要说"不"，但是你怎么能说出口？我还从来没有仅靠那么一点点钱养活过自己和自己的家庭，而他们是。他们一个家庭里有10个甚至15个孩子！但是后来我学会了说

"不"，甚至在那些自己极难开口的情况下——因为我非常了解这些人和他们的问题。我了解了另一个和我们区别如此大的世界。

另外一个主题是健康。你知道在那里如果得了什么病的话，就可能是致命的。那里的阑尾切除术死亡率是 90%。中毒、感染、艾滋病，一切事情都在发生。谋杀太普遍了，人们很自如地谈论它，每个人都知道某一个罪犯可能在两天后就会被从监狱里释放出来，因为他贿赂了典狱官。还有那些关于黑人和白人的问题！我的黑人助手被指责跟一个白人——我——合作，所以他们找了一个理由逮捕了他。我必须去找警察，为他抗争，但是我是谁呢？仅仅是一个小市民而已，没有权力，没有威信。你可能会因为任何事情而受谴责，然后被迫去证明你的清白。我不担心我的生活，但是的确担心我的工作和我家人的安危。关于艾滋病，那个泳池救生员是个艾滋病人，我的儿子就在那里，过去我们一家人常去那个游泳池。我的儿子经常帮他搬椅子什么的，帮他做些类似的事情——他已经三四岁大了，喜欢干这个。我们出去度了一个暑假，回来以后发现，他［救生员］不在那里了。我问他去哪里了，他们说："他死了。""他怎么死的？""艾滋病。"我突然意识到，天哪，我的孩子常和他手拉手散步，而他有艾滋病！就是这样，有时你会突然问自己："为什么我要在这里做事情？为什么？我为什么要这样？我为什么要把我的家人置于危险之中？要为那种事情而冒险？"后来，他接受了医检，很好，他不是病毒携带者，但是仍然，我有很多类似的令人惊异的故事，成百上千的。你感兴趣吗？

I：我或多或少已经理解了。接着再问另一个问题吧，这段时间谁是对你有重要影响的人？

D：那应该是在非洲工作时相处的每一个人，那些帮助过我和教我如此多事情的宾馆的员工们。他们让我知道，如果我给了他们，我会反过来得到更多。我真心地说，这些人在我人格养成方面有着很大影响，尽管那时我已经成人了。这包括那个后来和我走得很近的白人管理者。我们一起住在宾馆楼的一翼，就像一个集体农场。

我和他们在一起，但是我更……我居于他们之上。我注意和他们保持距离，不去介入那些个人争端或流言蜚语。一切都进行得很顺利，我妻子和他们相处得也很好。你可以说，我们自己承担了很多，并不要求多少回报，这种态度也强化了我在与其他人关系中的地位。还可以再加上城里的犹太人团体，和他们的拉比*，一个非常特别的男人。总的来说，我认为这段时期极不平常。同样很困难，但很庆幸我还是做了很多有趣的事情，它们极大地丰富了我。我学到了很多——关于我自己、社会、人际关系、小团体和我在任何地方从没见过的一个完全不同的世界。

I：这持续了大约两年半的时间？

D：是的，我赢得了名誉和第二次奖酬——我被推选为连锁酒店非洲和东南亚分店的年度人物。我的确让这家宾馆焕然一新。很显然，他们想让我继续留在那里，但是我拒绝了。我想回以色列。为什么一个如此依恋这个国家的人决定在别的地方生活呢？所以我说我不能继续下去了。而且这对我的家人而言也太难了。他们答应在以色列为我寻找一个合适的职位，但迟迟没有给我回音。我等待了很长一段时间。后来他们向我提供了在世界各地工作的机会，但是我提出这样一个事实——我们已经协调好准备领养第二个孩子，所以必须回到以色列去——他们必须要接受这个。最后我同意在以色列担任一个低于我的管理水平的职位，这样就能回去了。

本来以为这种状况只是暂时的，很短的时间而已，但是持续时间越来越长。实际上，我挺乐意这样的——没有太多的责任，工作很容易，我也很熟悉，还有足够的时间用在非洲挣的钱建造我们的新家。一切进展得都很顺利，它也确实适合我。那时我一点都不关心晋升，拒绝了各种其他的选择。

最后有一个男人来找我，他在南部建了一家宾馆，但是经营得不太好。不久就关闭了，他希望能重新开张。他努力说服我接受

---

* Rabbi，犹太教教士。——译者注

这个计划,我有点被说动了,跟着他去看了看那家宾馆,不知何故就被拉了进去——不是带着热情或者任何要卷入进去的意图,但是我的确做了。事实上,还因为一直对我很好的那家连锁公司突然变得不那么好了。一旦拒绝了他们让我去某个地方的提议,一切就结束了。我请求把在那里的工作减少为半日制,想方设法说服这个男人同意,然后我就开始了一周三次去南部宾馆的奔波穿梭。工作非常辛苦,时间也长,但是它给我的生活带来挑战,也给我带来额外收入。就这样,我帮助宾馆重新开张。那是一次不同寻常的经历——让几乎不可能的事情,甚至是根本不可能的事情,变得可能,让那个机构开始工作和正常运转。你必须懂得宾馆如何运作,它是一个按时运作的系统。在资金问题上也是。你不能把什么事情都推迟到明天去干,因为今天需要可靠服务的客人,明天就不在那儿了。他现在就要你的服务,你必须要毫无差错地拿来他所需要的。这不像任何其他的办公事务,它是一个巨大的挑战,并且通常需要团队合作。这就是我干了一年的事情。

在这个时间里,我们得到了申请收养的小女儿。太让人兴奋了,等待,然后准备去迎接她的到来。我们是和儿子一起去的。在他们的身上都有着一段创伤性的经历,必须自己学着去应付。把时间在老宾馆、新宾馆、我的小女儿之间进行分割分配,是件很烦人的事情。虽然一直都挺愉快的,但到后来我明白过来,不能再这样透支自己了。就在此时,我听说另一家宾馆的高级主管已经被辞退了,于是我就申请代替他的位子,并很快得到了那份工作。从那时我就一直在这儿。我想我给这儿带来了很多变化,并且把宾馆打理到一个它以前从未达到的水平。我不能把所有功劳都揽在自己身上,但有时的确在想,我介绍过来的方法、我对形势的分析,都获得了成功。在这里我非常受欢迎,得到了很多人的爱戴,我也很满意自己的成绩。这是一份有挑战性的工作,一个很大的宾馆,市里最成功的宾馆之一。我来这里几乎四年了。在这之前,还没有哪个人能在这个位置上留任这么长时间。它同样是需要和整个公司和所有高于我及与我同级的领导们打交道的事务。这正是自己相当擅长的地方，所以我能待得住，就像在前面几个宾馆里一样，尽管有着那么多利益冲突，我还是能干下去。总的来说，这就是我的生活，简明扼要吧。

I：在这最后的一个阶段里，对你有意义的人是谁呢？

D：这很难说……和我一起工作的那些人对我都非常重要，但是我……我没有什么可以效仿的榜样，也没有什么人……

I：并不是非要像那样的人。从我的角度来看，也可以是你的妻子和你的孩子们。

D：好吧。妻子和孩子对我来说一直是最重要的，超过我自己。只有当我妻子同意带着他们跟我一起时我才会做某个明确的决定。我做的每一件事情都是和我妻子商议过的，孩子们现在算是最重要的了，换句话说，如果有一个孩子生病了，我就不会去工作。那没有什么，我经常在夜里工作，这就是在一天 24 小时不打烊的地方工作的好处。也许我每天要在外工作很长时间，但是我非常爱我的孩子们，他们也爱我。我喜欢和他们在一起，他们也一样。我带着他们去国外旅游，享受着在一起的每分每秒。当我妻子去看望她姐姐一走就两个星期时，我独自带孩子没有一点问题。孩子们去上学了，我总是他们随时电话联系的对象，我为他们做饭，爱护他们，陪他们玩。总而言之，我和孩子们的关系非常非常重要，家庭对我来说是最重要的事情。时不时会有一些诱人的职位摆在我面前，但是我都没有接受，因为它们对我家庭不合适。你也看到了，今天我能够在任何一个我想去的地方干出个样子来。我非常确信这一点，我知道自己的专业很棒，我了解我的工作，我有经验。

我想，在我生活中一个重要的东西是计算机！你不要笑。尽管事实上我很晚才学习使用它——我不再是个孩子了——但现在我用它用得心应手，我也喜欢它。我们关系很好，我理解它的语言，所以，我现在明白了，语言是世界上最重要的东西。

第 4 章

整体—内容视角

这一章呈现了生活故事的整体—内容分析方法,由两个部分组成:(1)从一种整体—内容视角阅读生活故事;(2)早期记忆作为整体—内容方法的关键点。

从整体—内容视角阅读生活故事:
艾米娅·利布里奇

在阅读完整的故事时,我们试图描绘出,萨拉和大卫本人如他们在访谈过程中所展现出来的整体—内容画面。接下来的章节我们将完整并简要地叙述萨拉和大卫的故事。

以整体性视角重点关注故事内容而进行阅读的步骤可以总结如下:

1.反复阅读资料,直到一个模式(pattern)浮现出来,这个模式通常是以整个故事焦点的形式出现。认真仔细、怀有热情地听或者读,而且要带着一颗开放的心。相信自己的能力,去探察文本的意义,文本也会和你"说话"。在这个阶段没有什么明晰的方向,有这么几个方面是应该特别注意的,比如,生活故事的开端,或者文本中出现的有关某部分生活故事的评价(如,"很好"),但是它们的意义仰仗于整个故事和上下文语境。

2.写下你关于生活故事的最初印象和完整印象。注意那些与一般表达不同的地方,以及故事的一些不寻常特征,如自相矛盾的或未完成的描述。对那些似乎扰乱了说话者或产生了不和谐音符的情或议题来说，其启发性意义可能并不亚于那些被清楚展示出来的内容。

3.确定内容或主题的特殊焦点，它从故事的开始到结尾一直在不断发展着，抓住并跟从它走下去。一个特殊焦点在所占篇幅、表现文本主题的力度方面明显有别于其他内容，并且不断被重复，说者也对之提供了更多的细节。不过，生活故事里某些被忽略的东西，或对某个题目非常简短的涉及，有时候也能被诠释为表现了主题的中心意义，下文将会提供这方面的示例。

4.用不同颜色的标记（按照布朗等提供的方法，Brown，1988），划出故事的不同主题，然后分别阅读，重复阅读。

5.用几种不同的方式来记录你的发现：跟随整篇故事的每一个主题，记下自己的结论。留心注意以下一些方面：一个主题第一次出现和后面几次出现的地方；主题间转换的地方；每一个主题的上下文语境及其在文本中的相对凸现之处。还有一个方法就是，特别注意那些看起来在内容、语气或评价方面与主题矛盾的情节。

与其他独立阅读者一起讨论案例可能会有非常大的帮助，但由于这是一种诠释性工作，因此，并不期望获得"交互判断信度（interjudge reliability）"。

萨拉：整体印象

萨拉的生活故事很容易让人产生一个整体印象，因为它激起了一种强烈的连续感，从其儿童时代一直持续到成年时期。作为一个读者，我对萨拉生活中的任何变化发展从未感觉到很诧异，也许有一个例外，就是她后来转向更严谨的宗教生活方式①。萨拉建构其生活故事的连贯性方式是以一个积极乐观的世界观为特征的，并在与他人互动的过程中逐渐发展，而非局限在个体内部领域。

———————

① 现实情形并不总是这样。有些生活故事是片断式的或者是跳跃式的描述。请见第5章的第二部分。即使是她的信仰改变也没有被描述成一次剧烈的变化，而只是一个表面性变化。在这个方面，第5章第二部分对两部生活故事也做出了比较。

如果从萨拉叙事的后一个特征谈起的话,那就是,萨拉的故事是一个关系性故事②,她不断地提及别人,无论是在描述与别人关系的语境里,还是作为他们——她的父母或她的中学同学——的身外人出现时。按照一个粗略估计,这种关于人际关系的描述组成了她叙事文本的1/2到3/4。"他人"在萨拉的世界里大多是女人和孩子,而不是她亲戚的男人则很少出现。把"我"作为一个单独个体的陈述很少,它的出现通常是指"记忆中的自我"——"我",成年的萨拉,回望和反思那些过去的经历。比如"我仍然记得这句话",或"今天,作为一个八年级学生,我可不敢承担这种责任"。另外几个提到"我"的极少例子是,当她和同伴或同胞作比较时,描述自己在某些方面与她们很不一样。像"因为我是长女的缘故,我想我总是被……总的来说那还是有一定关系的,哦……是的,对我多少有些偏爱。"不过,这些表达形式确实与别人的存在有关,因为它们形成了比较的标准。最后,在萨拉描述自己的性格时有极少的个人陈述:活跃、责任感或"不聪颖"。

除了这个突出的关系特征之外,萨拉的生活故事在展望她自己、周围的人和整个世界方面都是正面积极的。消极负面的感觉或事件极其少见。依照她的描述,生活中遇见的所有人,不论是不是亲戚,是个人还是群体,都是好的,都对她的成长和生活有益。在第二次访谈中,萨拉可能意识到了自己生活故事的这种格调,这样评论说,"我想我发现他们确实在生活中帮助了我",而且定义自己为"很幸运"。从故事显示的突出特点来看,萨拉过去的生活事件经常被描述为有益的,即使当时它们的积极性特征应该被质疑。比如提到要转到另一所小学时,作为一个孩子,萨拉曾进行过抗争,而现在她说,"我一点都不后悔这次转校。"生活中的消极事件被转化了,成为某些积极因素的例证。这也可以通过她所描述的分流中学经历来证明,她把被分流隔离作为一次机会——如果不是对自己的也是对别的同学的机会。或者,说到自己的考试焦虑时,在叙事的上下文语境里,萨拉也总是赞

---

② "关系的"这个词语意指一种对人际关系的重视,而不是强调独立自我。对这个词的理论阐释,请见:Gilligan(1982),Miller(1986)和Josselson(1992)。

扬学校给了她个人关照和帮助："我想今天也没有别的学校会像他们那样对待类似问题了。"最后，甚至在谈到她今天的生活时，作为一个全职教师，在担负着抚养 3 个年幼孩子（其中一个还不是完全健康的）的极其困难的任务，而丈夫或父母很少帮助自己的情况下，也从来都不抱怨。她说："不过上帝送给我一份很棒的礼物——速度，这是我的幸运，我希望我会一直保持自己的步伐。"

有两个例外非常明显，而且的确强化了萨拉建构其生活故事的仁爱本质。第一个是她对死去的妹妹的早期记忆（本书将就这个情节进行不同角度的阐释），第二个是她对中学结束时自己考试分数的失望感："今天我对它还很失望，一定程度上是因为我的期望太高了。我不知道自己究竟为什么会得到那样的成绩。我很失望。"

最后，萨拉生活故事之整体印象的两个特征——积极性和关系性本质——的结合体，通过"好的关系"一词的频繁出现，得到了最强烈和最直接的表达。带着这些发现，我们现在回到对叙事焦点主题的仔细审查上来，其中一些会如所期望的一样，进一步详细说明上面所总结的整体印象。

主 题

萨拉的生活故事显示了四个主题，它们在不同的阶段都有重复出现。这些主题表明了她生活故事的独一无二性，可以被看作从整体上阅读生活故事的四种不同视角。

归属和分离。萨拉在访谈一开始描述自己的时候，谈到了父母、兄弟姐妹和她在家庭中的地位。"我的父亲来自伊朗……我的弟弟比我小 7 岁"等。随即她告诉访谈者：我是家庭的一员，我有很强烈的隶属于我的社会单元的感觉。然而，在同一个语境下，她加上了"我是头一个出生的"这个特征，正如下文将要详细描述的，这构成了她独立和独特身份的基础。因此生活故事的第一个主题在萨拉的自我介绍中非常清楚地凸显出来。

当萨拉描述童年时代——被她称为"一段非常普通的童年生

活"——的生活时,她经常用复数:"我们一直到 4 岁都住在家里,和妈妈一起",或者"我们有了一个妹妹"。她所谈到的最基本单元是家庭,以养育和温暖为特征的家庭。在萨拉的案例中,家庭也包括她的外祖父母,他们得到了很详细的描述。其他的家庭成员(如一个姑妈)也被加入到支持和提供庇护的养育大军之中。在整个生活过程中,萨拉倾向于把她遇到的其他社会单位看作(或者在其叙事中建构为)与家庭相似。这表现在她把非亲非故之人和自己的家庭放在一起谈论时,或者某些非家庭单元却似家庭一般在其生活故事中被知觉、回忆和(或)描述时。

例如,萨拉的叙事把她喜爱的一年级老师和她的家庭维系在一起,通过强调她和老师的接触、她妈妈对老师的喜爱——"亲密接触在我成为她的学生之前就开始了"。在小学阶段,萨拉谈到的朋友们也都和她的家庭有着特殊关系。她年轻的妈妈加入到孩子们的游戏中——"很多朋友来我家,我们一起玩时她都会加入"。当她父亲为住棚节(Sukkoth holiday)做准备时,"邻近家庭的所有孩子都会来",并且加入到为节日做准备的活动中。"那是种一体感",萨拉在描述时这样总结。考虑到她的家庭起源,这种强烈的家庭依恋感似乎也是萨拉妈妈的特征。同时,家庭界限似乎也很有弹性:萨拉的父亲被她的外祖父母当作儿子,"领养"的概念在接下来的生活阶段里出现了很多次。

相似的感情联结纽带被带到了青年运动中,在那里,男性和女性领导者承担了部分父母和兄长大姐的角色:"最后他们结婚了,我们一直保持着朋友关系。"与消弭家庭和外部社会之间界限相一致,萨拉告诉我们她是如何带着妹妹一起参加了青年运动的旅行,这种行为在年龄界限如此分明的组织里是很少见的。在后来的生活故事里,她谈到了同学关系的团结一致(也就是,像一个家庭一样,同学们把对班级的忠诚和归属感放在第一位,而不是把个人进步视为最重要的);谈到了去看望给她免费补习的中学老师;谈到了在军队宿营地时期与朋友们组成的家庭一样的集体(这里,她又一次用到了在童年

时期用到的几个词："我们有一种亲密感"）；谈到了在她服役的集体
农场里收养她的远房亲戚；谈到了经常在节日期间去她家、"似乎收
养我为"自己女儿一样的军队指挥官；而且，当她自己成为一名老师
后，提到教师集体形成了很亲密的关系，（又一次）集体农场学校的校
长待她和另一个年轻教师也像对待自己的女儿一样："她如此照顾我
们，简直让人不能相信。"萨拉对农场的爱——她的整个生活故事揭
露了这一点——可以被视为萨拉心中"社会似家庭"观点的另一个表
现。因此对萨拉来说，陌生人开始融入家庭网络或者形成了一个模拟
家庭，所有的一切都为创造一个环绕着她的温暖、安全和亲密的世界
做出了贡献。

　　萨拉自己似乎也在为选择和形成这个环绕她的单元或网络做着
贡献，尽管相关部分在她的生活故事里通常是缄默无声的。萨拉倾向
于把自己的角色降低为一个好伙伴。她说，"我很幸运，我发现生活
中的确有很多人都在帮助我。"曾经在一个有关她外祖父母的故事
里，萨拉提到了关系的互惠性质，说"我知道如何去回报这种爱"，但
是她用了"回报"一词，而不是其他反映个人主动性的词语。后来，她
也谈到自己是怎么帮助他们，教他们读写等。但是这种积极的互惠
性，在她描绘自我时很少出现。

　　在简单提到自己年幼的家庭成员时，萨拉也是从同样的角度来描
述这些孩子们，也即，把他们放在一个温暖和友好的关系单位里。不
是去描述他们每一个人的特征，而是这样说道，"他们有着非常友好
的关系，像朋友那样一起玩耍。"她任教师的工作场所也带有一些类
似家庭的特征——很多时候她带着年幼的孩子一起到学校并称呼他
们为"学校的孩子"。同时，萨拉和母亲一直保持很亲密的关系。当
她分娩时，是母亲在一旁协助她；当她手术住院时，是母亲一直在身边
照顾她。作为总结，她说："我深深依恋着自己的家庭，一个对我来
说……我想直到今天，它对我都是最重要的，别的什么与之比起来都
微不足道。"

　　但是虽然身处这么一个强调归属感的支持性网络里，萨拉仍然保

持着自我的独立和独一无二性。正如上文所提到的，在自我介绍中，萨拉说，"我是头一个出生的"，后来她谈到自己是"Bechorika"，一个从她母语中移用过来的术语，意思（用她自己的话来说）是"受到大家喜爱的长女"或"第一个女孩，接收到很多关注，很多的爱"。萨拉以一种非常连贯的方式，传达了这样一个被挑选出并被给予宠爱的个体的讯息，同时她自己又为这种不谦虚的态度辩白："这并不意味着他们有不公平地对待家里的孩子，每一个孩子都有他特殊的位置。"不过，在那个位置上，萨拉的确是得到了很多（糖果、玩具、"一些表扬的话或者一个好的感觉"），"得到了大家最好的照顾"，并且最受外祖父母和姑妈喜爱，但是她也给予了别人很多。萨拉清楚地描述了她是如何区别于自己的兄弟姐妹，尤其是和她年龄相近的妹妹——这也是她自我定义的一个方式——"她比我固执，也更少去听从别人"。她把自己独特的核心特质描述为非常活跃（这是一个在很多情境下出现的描绘自我特征的词）、快速（一个用来描述自己在成年生活中好运气特征的词语）、勤奋和负责。这些显著特点使她成为青年运动的领导者。这种独一无二性被萨拉以一种否定形式，即通过她不是一个有着突出学术成绩的聪明学生，做了进一步的详细说明。

　　在讲述故事的时候，萨拉经常把发生在自己身上的事情作为独特的发展性因素，她是"第一个"，不仅在家里而且也在自己很多的经历中都是第一个。相似的，她传达了一种被"挑选"的意味。在学校的演出里，萨拉被给予主要角色；在整个班级里，她和另外三个同学被挑选出来，参加了一所有着极好声望的中学的入学测验，而且被学校接受了，从而进入实验项目的第一个班级。萨拉所属的这个班级是一个独特的单位，它的教育成果也是"简直不可思议"的。在这个班里，萨拉把自己看作一个"突出的学生"。顺便提一下，这也许就是为什么她对自己的毕业成绩如此失望的原因。在部队时，她有着先锋带头人的经历，"我们在一个沙漠边界地带发现了一个新的宿营地，我们真的是第一次到那儿"。作为一个师范学院的学生，她又一次被挑选出来，到一个模范学校教学，并且是唯一一个在毕业典礼上收到鲜花的

毕业生。和丈夫一起，她去"城外新兴发展区的一座新建筑"定居，很
快就被提供了在发展区新建学校的一份教学工作。萨拉的独特
性——有时被她的独立性掩盖了——在她结婚后多少发生了一些改
变。现在，作为一个家庭主妇，三个孩子的妈妈，一位全职教师，她告
诉访谈者，自己被一种比较实用的特质保佑着："上帝给了我一个很
棒的礼物——速度，这是我的幸运。"

在归属和分离主题中，一个异常的地方是萨拉为她自己和她的家
庭被划为"下层人士"而抗议。与此相关的是，萨拉意识到被特殊对
待并不总是悦人心意的。在整部中学生活故事中，萨拉表现出对被称
为一个较低水平学生的那种正反感情并存的心态，这当然和她被"选
择"的感觉相矛盾，或者可以被解释为由于错误的原因被选择。她辩
解说自己的家庭不应受到这样无礼的称呼，然而同时她又对在这个特
殊教育项目中所受到的个人关注心存感激。"特殊的"可以成为一种
羞愧的缘由，但不是对她而言——萨拉如是说，但是对在"实验班"的
其他学生来说是这样，就像她描述正常班级里的学生是怎样"窥视我
们……好像我们是动物园的猴子似的"。但是对萨拉来说，她的价值
感是如此牢固，以至于这段情节一直游离于整部强调唯一性、特殊性
和"被选择"感的生活故事之外。

靠近、远离和迁移经历。位置和移动的概念，特别是靠近或远离
某一个地方，通常是她家庭所在的地方，大量存在于萨拉的生活故事
中。以至于这部生活故事几乎可以被看成一个关于引力作用的故事。
直到 30 岁时，父母的家还为她的行动充当了一块天然磁石，不过，最
后的 10 年里，引力中心逐渐变成了她自己的家庭，她的儿女们成长于
其中的家庭。在另外一个层面，家庭和与家庭的亲密是萨拉谈论女性
特质的方式。尽管萨拉一直都是一个职业妇女，她却通常只描述男人
们去离家很远的地方工作，驱车远离家庭所在地，一天中数个小时待
在外面等。

总的来说，萨拉生活故事的几个阶段遵循着一个相似的模式：她
跟母亲（或者另一个养育她的人或者几个人）住得很近，从这个安全

的家庭基地出发就敢于凭借自己的力量在外冒险。靠近的环境并不封闭，相反，接收到的爱、照顾和安全感给了她外出的力量，至少在有限的几个时期里是这样。后来的几个阶段里，这种模式在萨拉与非家庭成员个体如她的朋友、军队司令官或者一起工作的学校领导和同事之间的关系中重现。她愿意待在一个熟悉的环境里，不过也会经常大胆地走出几步，换一个地方，在那里，她又能够重新建立起对新位置的熟悉感。

对这个主题的分析暗示了一种看似矛盾的说法：一个孩子待在家里跟妈妈和年幼的兄弟姐妹们一起，待在这样一个被描述为养育性的家庭环境里，和他出去到一个陌生的幼儿园的环境里相比，是否一样快乐呢？很显然是这样的，这是萨拉成长发展的动力学，与马勒、潘和伯格曼（Mahler, Pine, & Bergman, 1975）的"燃料补给"概念（concept of refueling）相一致：一个被爱的孩子更容易面对和处理与家人分离的事实。所以萨拉告诉我们，在家里和妈妈一起待到 4 岁后，到了幼儿园里也很快乐，"我经常是快快乐乐回到家，妈妈在那里做好饭等着我们，欢迎我们。"

外面的世界是陌生的，萨拉有好几次提到她更喜欢老面孔，不期待和新人见面。但是，和家人搬到一个新公寓被作为一段正面插曲留在记忆里。为了表达她对迁移的茫然无助感（或她的害怕），萨拉把自己的经历和她小妹妹的感受进行比较："（她）想象自己会被留在托儿所，我们将不带她一块儿走。"这是发生在一个更远距离的分离之后，也就是和夭折的小妹妹的分离——那是一段形成其性格的经历，很可能导致了后来萨拉想让所爱的人就在附近的心理需要。当来到一个新地区时，萨拉被作为一个新来者的经历吓着了，但是随着与学校小朋友的交往，害怕逐渐消失。迁移是一种挑战，需要克服困难和恐惧，但是所有的结局都很好，就像她想起小学经历时所说的："我从不为这次搬迁感到后悔。"

作为一个孩子，萨拉的生活在一个小范围参数内变化着——她的学校和家庭距离非常近，青年运动俱乐部也是如此。这使得萨拉能够在家参加安息日仪式（Shabat service），然后紧接着再去参加俱乐部的会议。这在后来的生活里又有重复，当她是一位单身教师时住在紧挨学校和父母家的公寓里，再或者，如今，她在新居住地工作的学校亦是遵循这个模式。

但是，在童年时代，由于家庭的爱和许可，萨拉又可以很安心地冒险到远一些的地方去。当意识到这个明显的悖论时，她很天真地回忆起那段在青年运动时的野外考察经历："尽管我是……家里的女儿，我从来没有受到过限制。"后来她重复说："尽管我是家里第一个女孩，但我非常独立。"应该指出，"家里的女孩（或者女儿）"这个词很反常，在希伯来语中很少用，是萨拉为了描述自我而"发明"的。当访谈者要求萨拉解释这个词的时候，她将其定义为"非常依恋家庭"，但是其生活故事暗示了，虽然她在情感上很依恋亲人，在实践中其实是高度自主的。她敢于自己一个人到很远的地方去，而且还额外地承担起照顾年幼孩子的责任，似乎是她的家庭环境赋予了她这种能力。如其生活故事中所说，那种允许她自主发展的信任是通过她的服从本性和负责行为换来的："我天性乖巧。我也不是那种出了门然后就不见了的人，我从来没有做过什么过火的事情[比如待在外面寻找乐子]。"

萨拉"在青年运动主体框架下"参了军，也即是，和数年前就认识的朋友们在一起。她和熟悉的人一起到了一个全新的地方。"探家"在服役阶段的生活故事里是非常突出的一件事情，而在她成年后的整个生活故事里也是如此。例如，在军队里，她和家人距离非常远，除了六周一次探亲以外不能经常回家——这对以色列的女兵来说很少见，她们会经常请假回家的。但是过了一段时间后，家庭的拉力超过了她自主的需要，于是萨拉要求调动，"以便于每天下午5点就回家——这太棒了"。作为一名新教师，她又是很快乐地工作在一个很远的学校，而且列出距离的很多好处（尽管她的父母更喜欢她离家近一些），但是她坐车来回穿梭，继续和父母一起住在家里。

萨拉最大胆的一次远离父母的外出，是到南部农场寻了一个教职（这一次是自愿的，而服役是强迫的）。但是她去了那个靠近自己妹妹的农场,而且在农场她又为自己建立起了半家庭式的关系。生活故事里的探家事宜再一次被清楚表达出来。年末,萨拉回到了她的家乡,在自己的母校继续教书。她描述了自己在寻找公寓时所遇到的一些问题,最后选择了一个距离父母家和自己任教学校都很近的地方。这是她作为一个单身女人的最后一个住所,之后她就作为一个妻子,再之后是一个妈妈,住进了属于她自己的家里。

简短地谈论完与丈夫的相遇后,萨拉又一次提供了一张地图、一个关于位置的故事:"从孩童时期起,我们就住在同一个地区,在那里长大……我是在当地的一个面包店碰见他的……我们在同一个地方转圈子,可是以前从来没有遇到过。"结婚后,作为成年人的萨拉已经为自己找到了一个安全避风港。于是她有了离开居住地最远的一次旅行,不过,是在丈夫的陪伴下,"我们去看望他在美国的姐姐,进行了一次长途旅行"。所以,在她的生活中,家庭和工作地址之间的近距离给了萨拉需要的安全感,怀着这种安全感,她能时不时地游走于各地。

还有一个情节凸显出来,因为它没有遵从这个模式,它是个消极例子——萨拉小妹妹夭折的故事。如果"远离"在萨拉的生活里是一种威胁和挑战的话,死亡当然是最远的"旅行"。很难断定,是否就是因为这段早期经历才使得安全问题一直在她生活中占据核心位置,或者,是否这个亲人死去的记忆被提出和给予一个突出的位置是她保持生活故事一致性的结果。

教学的意义,或者教学就是关爱。 萨拉生活故事的很大一部分——也许是篇幅最多的部分——都是她学生时代的记忆和成为一名教师后的各种经历。老师和同学在整部生活故事里有着很多笔墨,也经常被描绘成家庭关系的延伸。教和学被深深嵌入养育关系之中,而不是在一个学术性、成绩导向的世界里。

正如萨拉在其生活故事里显示的,她对每一段学校生活都一直保留着清晰、鲜明的正向记忆。最早的一个人生阶段开始时,她说,"我有着对幼儿园的美好记忆……我在那里如此快乐,它给了我非常多的乐趣。"当她谈到一、二年级时，又重复了类似的话，"我记得（……）非常高兴老师从一年级跟我们到了二年级。我记得她的名字。我记得那些演出……她总是让我参与演出。"她谈到了那次转到一所新小学的经历，而且把它作为一次从好到更好的过渡。即使是她的中学经历，对一些同龄人来说是一次创伤的经历，也因为有那么多充满爱心的老师和领导而一直保持着一种正向记忆。

不过当追溯自己的学生经历时，萨拉这样回想："我不认为我是一个杰出的学生，我不卓越，但是我喜欢学习和劳动。"甚至当谈到因为自己的潜力而被那个中学实验项目选中，以及后来这所中学又给她提供了转到更高水平班级的机会时，她似乎都不把功劳归结为自己的优异成绩，而是强调她的负责、活跃和勤奋，她是一个喜欢帮助老师和为朋友们组织各种活动的学生。老师们也没有被描述为在教学上有多么高的水平；他们受到萨拉的赞扬，是因为他们对学生的关心和帮助，是因为他们在自己的家里给学生提供额外辅导却不向学生收费，是因为他们在考试时给予她鼓励……她说，"这个中学真的为我们投入了很多。"在一个不同的语境下，她说，"那就是教育——男孩子不得留长发或者戴耳饰，女孩不能穿超短裙。这些事情显示了你的在意。"

无论是作为一个学生还是作为一名教师，萨拉都不那么重视优异的学习成绩和充满竞争的生活方式。她仅仅因为考虑到与同学的关系，就放弃了从实验班上升到一个好很多的班里去的机会，这可以说是一个极好的例证。当谈论自己作为低年级学生的教师时，谈到她的孩子们在各自学校的经历时，都体现了这一点。

我们在这里又发现了一个特殊例子，它通过偏离规则从另一个角度强调了这种基本模式。在中学结束时，提到她的大学录取入学考试，萨拉说，"我对结果很失望……我的期望太高了。"很有意义的是，是访谈者的一个直接问题才激发了这个回答，在她关于中学经历的一段很长的描述里并没有提到这一点。以一种很自然的方式，萨拉在"学校的确对我很有益"的标题下描述了她的整个学习经历。她重复了好几次这样的观点,即,实验项目下的毕业生在未来发展中所取得的积极成就都应该归功于学校老师对他们的付出。毕业生的进步或成功不仅仅是用职业或学术成就定义的,也反映在家庭生活上(她两次提到这一点,其中一次还把它放在句子中第一的位置):

> 而且最后大多数人都取得了成功,我们非常成功,每一个人都建立起美满的家庭,有了一份好工作。你可以看到,你知道,每个人都有了三四个孩子,都成了家,有一份体面的工作。

作为一名教师,萨拉尽力给她的小学生们提供当年她的老师所给予自己的那种个别关心和养育。她说自己很早就决定做一名教师,这也算是作为一个青年领导者角色的延续。尽管她很清楚地说明家庭在其生活中是最重要的,这段时期的生活故事里提及职业生活还是远远多于她经历的其他方面。她谈到了自己倾注到教师职业中的大量时间和精力,尤其是在单身的时候。萨拉形容自己是"一个有着自信心、有奋斗方向、有非常好的团体意识的教师"。她喜欢农场学校里的小班教学,在那里能够注意到每一个学生,而且她经常提到"与其他老师们之间的良好关系"。最后,萨拉说的确喜欢"教特别小的孩子",和他们在一起能够发展起一种"私人"和"真实"的关系。

最后来总结一下萨拉生活故事透露出的这种声音,她在自己分别作为一个学生与一名教师的经历和自我认同方面着了很多笔墨,并且对这两个角色的描述都紧紧围绕着接受和给予个人关爱而展开,有点把家庭关系延伸和泛化到职业领域的意味。

男人,和保持单身的威胁。在阅读生活故事寻找其意义时,那些突出的主题通常都有高频率出现、长度合乎比例或生动性等特征。但是,有些意味深长的部分有时也通过沉默,通过非详细叙述表现出来。它们的力量就隐含在它们的欠缺里,隐含在那些似乎避免谈及的东西里,或那些突然一闪的亮光之下[3]。这个现象在萨拉最后的(和缺失

---

③ 从这个特点入手阅读叙事的一篇优秀论文是罗格斯(Rogers)等人的"不可言说之语言的诗学诠释(An Interpretive Poetics of Languages of Unsayable)"。

的）叙事中得以显现。

　　萨拉的生活故事围绕着女人和孩子展开，男人在其中扮演了一种微不足道的角色。生活故事给予她父亲的笔墨远少于给她母亲的；她唯一的弟弟根本就没有被提到；她的男朋友和丈夫谜一般暧昧不明。同样的模式下，男人们因为离家在外工作都是不沾染家务的，他们从萨拉的生活故事中消失了。关于父亲，萨拉说"父亲总是工作很辛苦……他经常不得不同时干两份工作"。相对于缺席的父亲、弟弟和丈夫而言，外祖父作为一个养育人的形象在萨拉的童年叙事中有着非常突出的地位，这证明了萨拉在构筑她的生活和世界时，只有当一个男人上了年纪而退休后，他才会在女人的世界和萨拉的生活里占据一个位置。尽管萨拉在外面工作，但这份专门职业被赋予了养育性本质，在位置上也是靠近家庭的。男人世界和女人世界之间差距的意义被这个事实加以概括：萨拉不会开车，家里的车仅供她的丈夫使用。

　　在同样的脉络下，仅仅是为了回应访谈者的直接问题，萨拉才谈到了中学时的男朋友，但多半是贬低这个关系——相对于其他所有被她珍视的关系而言，这一点非常突出。在军队宿营地时，她的第二任男朋友也仅是一笔带过。至于她的丈夫，除了改变了她的独身状态以外——这是后面会再谈到的一个主题——生活故事只给了他一个相对显著的角色，也即，他在家庭接受正统的犹太教生活方式中的首发和主动性地位。在选择正统的犹太教信仰的过程中，他在改变他父母的家庭生活和自己的家庭生活方面都迈出了大步子，所以从这个角度看，他的生活并不是外在于其家庭和萨拉的生活空间，而是恰恰就在其中心，影响着他们所有的人。不过这个被萨拉很自然地接受了——既然她经常描述自己为一个"顺从"的人。显然对于萨拉来说，家庭的和睦远远凌驾于那些有可能分裂它的日常习惯和行为之上。很典型的一例是，她把孩子们接受了更好的教育机会作为这种变化的一个有利结果。在这里我们又一次发现萨拉生活于"关系"之中的主要特征：她对丈夫的宗教信仰需求的遵从，与自己的深层精神世界或者宗教虔诚几乎一点关系都没有，"我不能定义自己为'信教'的，但是当家庭需要时我就这样去做。无论何时需要我像家庭一员那样去做时，我就去做，但其余的则依靠我的个人意愿了。"

尽管男人似乎在萨拉的生活故事中扮演着边缘性角色，对一个有着强烈家庭取向的女人来说，一直未婚的威胁还是作为一个主题浮现出来。萨拉的生活故事显示了在她的世界里存在着两类人：单身和已婚。她在早期童年时代的记忆里就引入了这个主题，是关于她"单身"（这个形容词在接下来的句子里提到了两次）姑妈的，她常常用计程车载着萨拉去她家共度周末，萨拉"给了她……快乐，我和她一起有那么多的乐趣，而她也就不感到孤独了"。一个单身女人的孤独周末于是就被描绘成一种完全消极的生活状况。结婚后的萨拉放大了这段童年记忆，这在她称呼自己 20~30 岁的年龄阶段为"教学和单身女人"中非常明显。

不过保持一段时间的单身并不都是很糟糕的：萨拉在好几个地方提到了教学生涯初期保持单身的好处。"我单身的时候比今天更投入，"她说，或者"今天想想作为一个单身女人开始教学生涯真是一个很大的优势，因为我能奉献出如此大量的时间"。前缀"今天想想"也许向我们介绍了今天她对重建以往经历的评价，但是同样的一种情绪也弥漫于没有这个前缀的陈述中，比如作为对比的一句话："有一个结了婚的老师，她有个女儿，就很难跟上我们，与我们同步。"

当谈论 20 岁以后的生活时，萨拉很坦率地提到自己在接触男人时，所关心的就是持久婚姻这个目的。对萨拉来说，生命中的一次重要转折是由单身到组建一个家庭，但相互的爱和依附等在她的叙述中并没有显现。这究竟是因为她本人谈话的节制与谦逊，还是因为她对异性恋的态度使然，不得而知。她告诉访谈者因为自己职业的缘故，也就是——师范学院里的所有学生都是女性，所执教学校里的年轻教师们也都是女性，所以要想达成结婚这个目的很困难。因此，在这种环境下待了三年后，她说：

> 我的社会圈子也很有限，因为我看到的只是那些老师，她们中的一些已经结婚了。我从不外出，每天晚上几乎都是待在家

里,把自己完全投身于工作。所以我需要改变一下。

萨拉在寻求改变的过程中很积极,甚至到一个遥远的集体农场去待了一年,并且后来又回到了城市,因为"那里没有和我年龄相仿的人。我已经 25 岁了,如果再继续留在那里,可能会一直单身下去。"

遇到丈夫的时候,萨拉已经 30 岁了,两个人同在一个地区长大。不久他们就结婚定居下来。提到自己的新公寓时,萨拉做了最后一次关于单身生活的评论,揭示了她那种个人目的达成从而逃离不幸命运的感觉:

> 婚礼一个月后我们拿到了新房的钥匙,两个人就以夫妻身份住了进去。我是如此地高兴,因为那个地方住的都是年轻夫妇和小孩子,要是一个人的话,真不知道该怎么去适应它。有一个单身女人只住了两年,就离开了。

很明显,萨拉的命运是不同的,当访谈在她家中进行的时候,她的孩子们一直在身边进进出出,萨拉的谈话表达出了对生活给予自己好运的感恩。

结论。从整体—内容视角看萨拉的生活故事,它向我们描述了一个从访谈中逐渐浮现出的处于关系网中的、积极的"自我"。上面提到的四个焦点主题从一种全面宽泛的视角把萨拉的故事呈现给我们。这些主题之间并非很容易地相互分离出,尤其是前两个,它们围绕着一个中轴相互交错:"作为一个家庭成员",在第一个主题下是对照于萨拉作为一个独特的个体,在第二个主题下,则是相对于她远离家庭而谈的。总的来说,第一个视角处理的是处于人群之中的萨拉,而第二个视角涉及萨拉在不同位置间的迁移。"靠近"这个术语对这两极而言很普遍:在第一极,它更多的是指关系的亲密或温暖;在第二极,"靠近的"这个词则意味着物理空间的接近。生活故事的第三个视角和萨拉作为一个学生及一名教师的经历有关,最后一个则涉及男人在她生活中的地位,以及她对不能达到这个目标的恐惧:必须建立一个属于自己的家庭,这个被她看成是人生的主要任务,然后,这个视角带领我们转了一个完整的圈后又回到生活故事的第一个主题。

在这一点上，很有必要来介绍一下"诠释水平（interpretive level）"这个概念，它与萨拉生活故事的前三个主题和第四个主题之间的区别有关。对一部生活故事的阅读和诠释，可因理论理解对诠释的影响力程度而有所不同。一个极端是现象学立场，把实际外显的叙述者的有关记录作为他或她生活世界的表现，无偏见地去读，去听，尊重外显的叙事存在本身。在另一个极端，我们可以带着很多理论假设（当然是访谈对象所不知道的）去理解一部生活故事。这类阅读怀疑叙述者所说的，寻找着沉默、分歧、矛盾、象征和其他一些与潜在或含蓄隐蔽内容相关的线索，这些内容被其隐瞒，通常也是他或她自己所逃避的。临床心理学家大都用这种阅读方式，尤其是那些工作在心理分析领域内的人们。这两个极端之间分布着诠释水平的各种深浅层次。采取这个维度中的哪一种立场，也反映在访谈问题的类型和就访谈所做的评论上（在本书中，这个主题我们不予讨论）。

尽管生活故事的很多研究者宣称相对中立、非判断性的阅读和避免泛化的理论诠释，每一个读者却总是不可避免地带着他的文化、语言、经历和期望展开与别人或文本的交互活动。比如，我试图尽力去做一个"无偏见的听者"，尊重访谈对象的主观性，但是我的女性主义立场和存在主义价值观，很明显地渗入访谈期间我对萨拉的态度和我对她生活故事的阅读中。不过从这个大致的立场来看，前三个主题的分析和第四个主题的分析之间有一个区别：前三个主要建立在外显叙述之上，第四个则更多地指向含蓄性层面。

但是每一个个体和每一部生活故事都是独一无二的，上面提供的分析只是展示了可以去学习的从整体—内容视角阅读生活故事的一种方法。它建立在上述推论过程之上，但并非是一种"真（true）"阅读，而只是一种可能性。前面引导性说明中提到的几点并没有全部被用在萨拉生活故事的这种分析中，读者可以试着自己运用这种方法去诠释和分析萨拉与大卫的生活故事。

大卫生活故事的总体感觉和主要焦点

和处理萨拉的生活故事不同，我们不去追究大卫生活故事中的细节，而是只概括出它的几个主要特征。在继续阅读这部分之前，读者可以先停一停，试着写下自己从大卫生活故事里得到的印象。然后，在阅读下面的分析时，寻找访谈记录中的相关话语来支持其所宣称的观点，或者检验它们的不足。由于篇幅所限和支持读者做此项练习之故，下面的概要里没有提供引文。

大卫是一个不辞劳苦的男人。从儿童时代起，他就经常揽上几份工作或者一次从事好几种活动，这被他描述为是一种挑战。大卫的生活故事很大程度上是一部职业生活史，主人公在管理阶层中向上步步攀升的过程中，在不同的地方承担了各种不同的职位。工作生涯中的不同境况被清楚地描绘成进步的或者退步的。由于成功以及自己与别人所做的评价是生活故事的主题，大卫描述他的工作时带着很大的感情色彩，强调个人努力和全身心投入，以至于称呼自己在一些活动中的状态为"上瘾"。而且，同样的进步和成功的标准被用到组织机构中，即大卫工作的宾馆中。

自儿童时代起，大卫就以价值尺度来衡量和评价自己，并关心他在这些把价值观概念化而采取的各项尺度中所占据的位置。关于青春期，他经常提到自己是一个普普通通的人，所谓的目标是不给自己施压，不要优秀，不要杰出。随着长大成人和找到自己的职业领域，这种倾向有了变化，在工作中大卫发现了——同时也暴露给访谈者——他的雄心勃勃和积极投入。叙述的风格也开始变化：关于目标和成就的谈论，从最初的保守隐瞒，到更为远大和宣言式的陈述。不过总的来说，大卫的生活故事一直强调一个不断发展着的评价过程，并把它运用到生活里的每一次变迁中。当他一度没有获得前进时，会通过宣告自己介入了其他生活领域而把它合理化，似乎在传达着这样一个讯息：这是他自己的选择，换句话说，他控制着自己的生活。

很明显，大卫的叙事是一个独立个体、一个成年男子，或许还是一个孤独者与某个机构之间的故事。他的生活故事广泛和深入地描绘了自己如何作为一个独立的人而存在。换句话说,他的"我"在生活故事里占据了一个巨大的空间。与这个视角并行,它也是一部文化生活史——有着其独特性和特殊困境的宾馆及宾馆连锁的组织文化。只有辨认出这两个主要组成部分或者生活故事的主角之后,我们才能发现作为附属角色的其他人。大卫传达了这样一层意思:别人,尤其是他的妻子和儿女(有一段时期是他的父亲),对他是非常重要的,他也很爱他们。但是他把这视为理所当然,他们只是给他提供了供其个性得以浮现的基础。

大卫承认他并不善于维持关系。在他的生活故事中,别人占据了很小一部分空间,充分反映了这一点。别人的出现多半是为了回应访谈者的直接提问。即使这样,我们也没有听到任何关于他母亲或姐妹的描述,对他的父亲——其曾经的职业和他非常相似——也着墨甚少。当大卫自己主动告诉访谈者他是如何领养第一个孩子,然后是第二个时,一个明显异常的风格样式从生活故事的两个中心点中浮现出来。但是在这两个不一般的例子中,他也都是很迅速地回到生活故事的主线,也就是他的职业上来,甚至在不能生育这种非常私人化和痛苦的事件上,大卫也是在阐述问题、做出决定、解决问题和取得成绩这一系列模式下展开自己的描述。以类似的风格,他的女朋友们被描绘成了资源——她们用各种方式帮助他。即使当我们听到他出于自愿帮助残疾儿童的杰出事迹时,其无私奉献的动机也是完全隐匿的,这个情节只是作为一种"瘾"被讲述出来。相似地,当我们听到他如何与非洲工人建立关系,帮助他们时,他也是从自己的立场出发,用这些情节来证明自己的诚信和试图教育他们的努力。

另一方面,大卫回应访谈者的直接问题时,把自己描绘成一位敏感的男人,而且按照他自己的评价,比任何人都敏感。如果把这种表白当真的话,我们可以得出结论:别人以一种微弱和依附的方式进入大卫的生活故事,同时又赋予"我"和"我的工作机构"以浓重笔墨,这都显示了他的公开论调和他选择述说故事的方式,也许这和他感觉到的身边的一些男性标准相一致。作为一个敏感的男人，他很可能不愿意透露较隐秘和私人的事情。在结束描述他的生活故事时，大卫采用了一种半幽默的方式，提到计算机是一个"有意义的他者"，并说语言是他生活中最重要的，也许是想告诉我们，他精通做事、评判与如何获取成功的语言，但是缺乏谈论情感和关系的语言。

早期记忆作为整体—内容方法的关键点：
米切尔·纳奇米亚斯

　　早期记忆这一主题在心理学领域获得了很多学术性和实践层面的关注。下面的部分将展示关于两个访谈对象（萨拉和雅各布，都是42岁）早期记忆的详细诠释，揭示早期记忆在整部生活故事文本脉络中的意义。

　　阿尔弗雷德·阿德勒有关早期记忆的思想是其心理学理论的核心（Adler，1929a，1929b，1931，1956）。弗洛伊德也在他的著作里讨论了早期记忆，但是他的精神分析理论并没有赋予它们独特的意义（Freud，1899/1950，1901/1960）。按照阿德勒的说法，记忆总是富含情感意义的，即使它们有时候看起来并不重要。记忆是个人化的创造，个体以一种适合当前目标、兴趣或者心情的方式选择、扭曲和创造着过往事件，从而形成了个体的记忆。"没有什么'偶然记忆'，不计其数的印象扑面而来，而个体只选择记住那些他感觉与自己目前状况有关的东西，不管它们是如何模糊隐秘。因此个体的记忆就代表了'我的生活故事'。"（Adler，1931，p.73）

　　所以，按照阿德勒的理论，记忆是推断个体性格和生活方式的一个有效工具。而个体的早期生活记忆，尤其是人生的第一个记忆，对阿德勒来说更是有着独特的意义。它们揭示了个体的基本人生观，因此能被用作人格评价的有效工具。

　　许多经验研究都受阿德勒理论的启发，尽管大多数都是在临床环境下进行或者只是单独收集早期记忆（Bishop，1993；Bruhn，1985；Mosak，1958；Watkins，1992），而不是在生活故事研究框架下进行，这与今天我们进行的研究是不同的。把阿德勒的思想理论运用到由生活故事衍生出的记忆里，需要几个诠释性决策。主要的困境就在于，如何结合上下文去定位那"第一个记忆"。它是否就是按年代顺序排列的事件中最早的那一件？或者就是叙述者所谈到的第一个记忆？这个困境与此种理解有关：生活故事是一个文本，像任何一个文本一样，它由开端、主体和结尾组成，这三部分各有其特殊意义。换句话说，生活故事并不仅仅是一个事件编年史，这可以由文本推断出来，它是一种特殊的组织，叙述者按照它选择述说他或她的故事。此外，被述说的第一个记忆并不就等同于说者能回忆起的第一个记忆，但是它是说者选择容纳入生活故事中的第一个，用阿德勒的话说，这个"第一个"有他"生活境遇的印记"，所以，它可能对理解这个"生活境遇"非常有意义。

　　不过有些生活故事并不包括明确的早期记忆情节，而是涵盖了说者童年时代的总体印象。它们可以被用作"早期记忆"吗？或者，我们要不要在文本里寻找明显的第一个记忆，一直找下去？这些问题没有单一的解决办法，而是需要一种诠释性策略。

　　在我们所做的研究中，用以获取生活故事的方法恰恰使早期记忆的寻找变得容易起来。因为我们要求访谈对象先把他或她的生活故事分成几个阶段，并叙述每一个阶段中典型的一个事件或一段经历。我重点锁定了文本的第一个阶段。但是有几个访谈对象不能回忆起一段清晰的早期往事，而是以概括性的语言报告了他们对早期童年时代的记忆。例如与大卫的访谈，尽管访谈者就这一部分做了大量重复性工作，还是不能成功获悉他的早期记忆[④]。他只是提供了一个大体的汇报："我的童年很平常，一个孩子，只是一个普通的孩子，住在一个很好很温馨的家里"或者"那的确是一段无忧无虑的自由日子。"而

　　④　读者应该记住大卫的访谈被编辑过，有些内容被简化了，所以第 3 章呈现的文本里省略了访谈者的重复性问题。

在别的个案中,叙述者讲述了不止一个有关早期记忆的故事情节,我不得不决定去选择哪一个进行分析。

我的最终决定是寻找那个出现在文本之中第一个清楚鲜明的记忆。"清楚鲜明的记忆"指的是任何凸现出来的作为一个可分离情节的记忆,而不是一个大致的印象。虽然倾向于可分离情节,我感觉关于童年的总体印象也可能提供洞悉整部生活故事的线索。因此,当大卫在叙述中一直宣称自己普普通通、不是一个杰出的人时,那么,他也会用同样风格的概括化陈述描绘自己的童年,就像"我的童年很平常",似乎就是很适当的了,没有什么好坏之分。

关于是按年代顺序还是按原文呈现的顺序定位早期记忆,皆由文本本身决定;访谈的结构带领叙述者去建构一个按年代顺序排列的生活故事,大多数情况下,第一个被述说的记忆就是时间轴中的第一个。而在不一般的案例中,就像雅各布的生活故事(后面我会提到),当时间维度受到干扰时,首先被提到的记忆就需要做特别解释。在访谈组织允许一个更自由的生活故事结构的情况下,这种例子可能会更常见。

萨拉⑤:早期记忆及其意义

萨拉生活故事里的第一个清楚鲜明的记忆是只有一岁大的妹妹的夭折,那时萨拉还是个在幼儿园的小姑娘。当被问及第一个年龄阶段发生的一段特殊记忆时,她很快地就叙述了这段经历。按照阿德勒的说法,我认为它是很有意义的,它就是在萨拉脑海里出现的第一个记忆,并以她自己的方式把它说出来。实际上,萨拉并不是去谈论妹妹的死,而是谈论那段七日服丧期⑥的经历。"我不记得她去世的时间了,但是我记得那时的七日服丧期。"萨拉描述这段记忆时用了"经历(experience)"这个词,而且用的是希伯来文形式,因为这个词本身

---

⑤ 这里应该提一下,对萨拉早期记忆的分析是米切尔·纳奇米亚斯(Michal Nachmias)独立进行的,她没有阅读前面由艾米娅·利布里奇写的分析。

⑥ 对术语"七日服丧期"的解释,请见第3章注释③。

带有一种积极意味,她随即道歉说"一段所谓的经历",纠正了自己——那不是一个愉快的记忆。

妹妹的夭折给萨拉的家庭带来了让她不能理解的现象。突然之间,房间里充满了躁动不安——陌生的人进进出出,坐在地板上,没有人解释这是怎么一回事,对一个孩子而言,的确是段可怕的经历。原本熟悉的家失去了安全感,竟然向陌生人敞开大门。家庭常规被打乱了,萨拉对外面的变化感到困惑与不安,她努力寻找答案,但是没有哪个大人向她解释。萨拉的叙述刻画出一个孩子在自己的家里迷失后而产生的那种无助感,她说"我甚至不明白到底发生了什么"。

在没有访谈者督促追问的情况下,萨拉紧接着讲述了自己的第二个早期记忆。这两次记忆似乎在她脑海里交织在一起。"这是一次令人非常受伤的经历,的确是。直到我们搬到新家的那一年。"第二个记忆被萨拉描述为非常愉快的,不过在说这个的时候,她停顿了一下,"那是呃……一段非常愉快的时光",似乎不能确定自己的这种感觉是否合适。在这个事件中,一个小姑娘目睹了家里的巨大变迁,也同样不理解究竟发生了什么、为什么会发生。不过这一次,小姑娘不是萨拉,而是她的小妹妹,当时的萨拉已经懂事,明白发生了什么,所以她能带着幽默感回忆这次经历(当谈论它时,她笑了)。小妹妹 4 岁,差不多正是小萨拉遭遇妹妹夭折的那个年龄。"她看到整个家被打包搬运,想象自己会被留在托儿所,我们将不带她一块儿走。"于是,小妹妹经历了和当年萨拉在七日服丧期时相似的经历——迷失、困惑和无助。家里的个人物品都被打包装运,爸爸妈妈似乎要把她一个人留下,却没有人向她解释为什么。

两个情节有个共同的因素,那就是,对奇怪现象的令人安慰的解释的确存在——当然不是对死亡的诠释,而是对哀悼礼仪的诠释。但是没有人提供给小姑娘们,所以她们感觉茫然无助。在两个故事中,都是一个小姑娘孤零零地待着,父母在忙活着大人们的烦琐事务,忘记了她,"遗弃"了她。一个妹妹突然死亡,另一个则被单独留在托儿所,萨拉自己也迷失在传统犹太哀悼礼的混乱之中。

　　把萨拉的早期记忆放在整部生活故事脉络情境下来看是非常有趣的。我们可以从两个角度审查这些记忆：今天萨拉对自己生活的描述和她生活故事的中心主题。

　　我把萨拉的第一个记忆看作代表了她目前生活的本质，下面我将试着去证明这种看法。通过她的叙述，萨拉告诉了我们一个典型的以色列世俗妇女的故事，在她的生活里，宗教扮演着很微小的角色。她在青年运动里很活跃，参了军，为谋求职业而学习，过着和父母分居的单身生活，等等。但是，很明显，今天的萨拉却过着一种正统的犹太教徒的生活方式⑦。访谈者关于访谈发生现场，也即对萨拉的家的印象（在第3章里被省略了），并不和她生活故事的内容相符，于是造成了一些早在预料之中的困惑感：变化是什么时候发生的，为什么会这样？怎么解释这种生活方式的变化？不过疑团到了故事快要结束时被打开，这个结尾部分似乎并不属于她生活故事的主体规划之列。直到萨拉完成了主体叙事之后，她才说："现在，也许你想听听我的宗教生活了吧。"同样的，在萨拉提出的生活故事各章概览中，这个变化并没有用来标示一个独立的生活阶段。

　　我的观点是，萨拉的第一个记忆，即对七日服丧期的记忆，和她所经历的丈夫的变化（紧接着她自己也发生了变化），是相对应的。萨拉的丈夫，在16岁的妹妹死于车祸后皈依了正统的犹太教生活方式。目前整个家庭都以这种方式生活着。萨拉没有对生活方式的改变表示任何抗议，但她似乎也没有把它内化。她压低声音告诉访谈者一个"秘密"：她一个人吃饭时不会像犹太教规定的那样先做祷告（原文里省略了这一点）。"我不把自己定义为'信教的'，"她说。她也没有改变她的工作，继续在一个非宗教的学校教书。她丈夫的转变——就像她妹妹的夭折——给萨拉的家庭带来了陌生的行为习惯和日常规则。两个妹妹的死亡导致了对萨拉来说既不能理解也不会被内化接受的变化。

---

　　⑦　可以通过几个外部特征识别一个正统的犹太教家庭——某一类书籍，宗教物品，一些陈列的图画，男人、妇女和孩子的穿衣风格。

随即,萨拉为她的宗教生活方式提供了很多合理化证据,比如她能在安息日休息,或者正统的犹太教学校能给她的孩子提供高质量的教育,这些解释很明显不是建立在宗教虔诚或信仰之上的。谈论丈夫的转变过程时,萨拉反复宣称因为它是渐进的,所以自己可以忍受。她并不认为是丈夫把什么都强加给自己,因为"没有什么突然发生的变化"。这个过程,明显有别于她妹妹夭折所带来的突然性创伤,所以有助于减轻她对不可预知之事的恐惧。在解释自己生活方式的变化时,萨拉说:"我更在乎家庭的和睦。"这与她被遗弃和家庭平静生活被打破的早期记忆相比格外突出。所以萨拉与丈夫的转变过程保持一致,并容忍所有随之而来的家庭变化,可能要归结于她的早期经历,她愿意做能阻止家庭破裂的任何事情。在访谈开始不久,她就谈到"家庭对我来说是……我想,直到今天,都是最重要的,与它相比,任何其他东西都是苍白的"。尽管出现的上下文语境不同,"任何其他东西"就可能也代表她丈夫的转变。家庭生活的价值在萨拉心目中的地位是如此之高,以至于能使一种并非建立在发自内心和一体化认同之上的生活方式合理化。

萨拉的生活故事非常强调关系和熟悉感的建立,与此相比,她的早期记忆象征了孤独、迷失和被遗弃。因此孤零零的感觉和搞不明白现实变化的经历,在萨拉的意识里时刻敲着警钟,这些是她绝对不想再重温的经历。为了在自己的家庭里建立起她的安全感,保证她不会再一次被遗忘,萨拉大都是在家庭和家人语境里描述自己。她是"第一个出生的孩子""家里的掌上明珠",是一个接受了"许多照顾、许多爱"的女孩。当访谈者提出一个有关性别的,而且似乎是威胁这种地位的问题时,萨拉很快地否认了作为一个女孩与这种地位有任何关系:"不,不是这样的。"当家庭搬到另一个地区的时候,萨拉的归属感受到了短暂的威胁。新地区的孩子们质问她:"你来这里干什么?你不属于这儿。"似乎是当一个女孩和她的家庭分开,她就没有了位置,这是一种缺乏自我认同的经历。"于是我不得不解释说我是刚搬过来的",好像她必须依靠在新地区有了新家这个事实来重新找回自己的自我认同和存在感。

总而言之，萨拉对保持家庭和睦和家人一致所做的不懈努力，可能来自她内心深处对家庭的不安全感，这些不安全感集中反映在她的早期记忆里。也许当一个家庭的完整性受到威胁时，这一点就会凸显出来，并成为第一要务。

雅各布：早期记忆在文本中的重要性

我之所以把雅各布的早期记忆作为这一部分的第二个例证，是因为它们首先是以文本形式出现，而不是按照年代的顺序。

和其他所有的访谈对象一样，雅各布也被要求形成一个生活故事的阶段概览。当做这个事情的时候，他告诉了访谈者下面这个情节（从他17岁开始），并非他的童年记忆，而是他想和访谈者分享的第一个故事。

> 在第十一年级的时候，我们有一次很艰苦的经历，我确实……那是我个人的，也是和我朋友们的。那个夏天我们去野营，去一个山谷内农场的劳动夏令营。到达那里的第一天，农场成员很高兴地迎接我们，给了我们房子住。当时已经是晚上了，我们被邀请参加在鱼塘附近举行的野餐。他们准备了很多食物，和我所能记得的一样多吧——那次痛苦的经历可能压制了我所看到的一些东西——然后我们上了一条小船，一条钓鱼船，一个农场人员划着它。他邀请我们也在鱼塘里划一划。提醒你一下，夏天的晚上，一大群人，年轻的男孩女孩，每一个人都相互招呼着彼此加入，所以有很大一部分同学都上了这条几乎废弃的钓鱼船，每一个人都邀请了他的朋友，都很快乐。就在那个时候，情况变得……换句话说，我个人的故事就是，我坐在小船里，感觉到水正涌进来，而且……我长话短说，船沉了，一直沉到水底，我坐在船上，觉得没有什么大不了的，因为我真的不担心，我会浑身湿透的，可那是个夏天，每个人都可以游上岸去的，这该是怎样的一次经历啊！但是这次经历以悲剧结束，那个农场人员死了，有两个

战士溺水而亡,呃……两个战士?(吃惊的)两个学生,两个同班同学。今天我第一次发现那时的自己就像一个大人了——被他的朋友几次拉入水中,他明白那里确实有人在为自己的生命做斗争。这可不是我们过去常在游泳池里或海滩上做的"溺水"游戏,游戏的情况是可以控制的。就在那个时候,我发现自己正处在一个必须帮助我的朋友们的位置,把好几个人从水里拉出来,其中一个我是把他从那个边缘——继续和我们一起或离开我们——拉回来的,我和另一个同学,我们把他翻转过来,他吐出了许多水,苏醒了,那时我就明白了,我真的是第一次经历了生命和死亡的考验,我也帮助了那些我能挽救他们生命的人。呃……那本身可真是一件很困难的事情,现在回想起来,哦……

雅各布继续描述着他为挽救另一个同学而做的努力,但是没有成功,他死了,雅各布总结道:

我不想说这个是……对于溺水来说,上帝保佑,我不拿这个作为……作为我自己的责任,但是它太突然了,突然之间我发现自己要处理成年人才要应付的事情。那是,战士的事情,军人的事情,是据我所知一名军人或战士才应该做的。

雅各布的故事说得很生动和戏剧化,主要集中在他救人的努力上。整个事件被作为生命的一个转折点而呈现,他变成了大人,第一次面对生死问题。这在其生活故事阶段概览里得到了进一步证实,他选择了一个很不常见的方式划分自己的青春期,也即,12~17 岁和 17~18 岁(大多数访谈对象都是以 12~18 岁的年龄段划分,恰好是中学时代)。雅各布在这段记忆里用了军事术语,而且有一次,他出现了口误,用"战士"取代了"学生"——但很快就改正了这个错误。他的结语进一步把故事推到了军事世界——谈到了战士和军人的经历。

今天,42 岁的雅各布是以色列军事防御部队的高级官员。他 22 岁时结束了义务服役,但是大学毕业并结婚后,30 岁的他又重新回到军事行业。读他的生活故事,与他的第一个记忆同样清晰的是,雅各布的整部叙事受其军队经历影响很深。按年代顺序排列，有这么两个最早的记忆，刻画了一个勇敢的小男孩的形象，他"不怕任何事情"。有一个情节描写了这样一种游戏，钻进一个木桶中，然后把木桶从坡上高速滚下。另一个情节则谈到了寻找一个最深的雨水坑，然后把整个人浸进去。这两个记忆都是从后来的军人特质角度来建构的。回忆起木桶的滚动时，雅各布说，"你浑身撞得生疼，剧烈摇晃着，许多年以后你可能会在一辆吉普车或坦克里经历那种感觉"。对那些水坑，他说，"我真敢把自己完全沉浸在水坑里，不去想也不知道躺下去会是什么样……我也许会立刻沉下去"。然后他立刻加上一句，"我不想把这个和那次农场事件联系起来，我不认为它们属于同一类"。尽管这么说，他自己还是显示了这种联系。如果他没有成为一名主要职责是战斗和营救的职业军人，那么在他的叙述中，农场救人的记忆可能就不会如此强烈地浮现出来，而他的整个童年就可能会被叙述成另外一个样子，这种说法似乎是行得通的。

雅各布现今的职业对他建构童年经历的影响，同样也可以在别的例子中察觉到。当谈到一次不成功的恶作剧时，他总结说："那可是一次大大的侮辱，因为确实是你执行任务失败了。"军事术语也渗透在另一个描述中：溜进学校仓库偷东西，他说："总共发生了两次小'冲突'。"当偷东西被妈妈当场抓住时，他说，"慢慢地我在'审问'下崩溃，就把什么都招了"。因此他的很多童年记忆都描述了他从小就挺有胆量和像一个成年军人那样地面对挑战。

不过关于农场的那个早期记忆是最有意义的，这在他后来的叙述中有所显现，因为按照雅各布的感觉，正是这次溺水事件才导致了他今天的生活模式。所以尽管事件发生时他已经 17 岁了，却把它放在生活故事的开始，看起来就是合情合理的了。一个人可以把自己的生活故事描述为一个圆周循环，从 17 岁的一个情节开始，接着一年后去服兵役，然后再回到军队并担任军职直到现在，再回顾他的童年经历，并调整记忆以契合他的选择。"所有的身体和精神上的困难，"他说，"我都经历过，继续着从十一年级时开始的那个循环，但并不是任由它主宰，它们都是完全不同的。"

　　仔细审察雅各布的早期记忆，似乎显示了两个主题：提供帮助和营救别人，在斗争中的勇敢表现。这两个要素在他大部分童年记忆里都有强调，一方面显示了他的胆量，另一方面，也显示了他的利他主义品质。当被要求概括童年阶段自己的性格时，他说，"喜欢恶作剧和帮助别人"。至于自己今天的形象，尽管处在高级军官的有力位置上，雅各布并没有表现出高高在上的优越感，而是描述自己是一个指挥官，一个能体会士兵的需要、时刻想着去帮助和教导他们的指挥官。这种比较柔和、温暖的倾向性在童年记忆里的一个幼儿园老师身上也可以看到，她"就像一只大鸟，把她的小雏鸟们藏在翅膀下面"。

　　雅各布的生活故事没有在这本书里全部展示出来，但是摘录在这里的一些情节可以阐明，当获得一个没有对其结构做任何特殊说明的自传时，研究早期记忆的一些可能途径。在这类例子中，叙述者自发选择叙述的第一个记忆——不一定非要是最早的一个——有着非常大的意义。

结　语

　　这一章提供了从整体—内容视角来阅读生活故事的两种方法。第一种方法里，我们运用了传统个案研究中概括主题和焦点浮现的大角度透视法。第二种方法则运用文本的某个特殊部分使生活故事作为一个整体清楚显现出来。它们都可以被描述为在整个生活故事里建立起联系或联结，要么是从开端贯穿到文末，要么是交叉于不同的时期和领域。

第 5 章

整体—形式分析

和前面一样,这一章也是集中于把叙事作为一个整体来分析。不过所呈现的例子是为了阐明如何运用叙事材料获悉结构中的变化。这个模式的操作性假设是,结构的形式特点和文本的内容一样,都可以表达说者的自我认同、理解和价值观。因此分析一部生活故事的结构将能揭示个体是如何建构他或她的人生经历的。

这一章由两个部分组成,分别是结构分析(structure analysis)和二阶生活故事(two-stage life stories)——自我实现的叙事。第一部分的结构分析运用了大量生活故事,而第二部分仅提到了我们所收集的两个有着不一般形式的生活故事。

结构分析——策略:里弗卡·图沃-玛沙奇

心理学介入叙事结构分析中之后,采纳了从文学批评领域借鉴来的大量策略。这些策略建立在对叙事类型学、叙事进展和叙事连贯性的思考之上。

有一种叙事类型分类备受推崇,分为浪漫剧、喜剧、悲剧和讽刺剧四种主要的叙事类型。在"浪漫剧"里,主人公在朝向目标和最终胜利的旅途中,要面对一系列挑战,旅途的精髓就在于奋斗本身。"喜剧"①的目标是社会秩序的重建,主人公必须具备必不可少的社会技能,以战胜那些可能破坏秩序的种种危险。"悲剧"的主人公则是被

---

① "浪漫剧"和"喜剧"术语不应该和我们在日常言谈中对它们的感觉相混淆。比如,以一个"喜剧"形式建构的生活故事并不必然是惹人发笑的。

邪恶势力打败了的，并遭到社会的排斥。最后，"讽刺剧"提供了一种
对社会霸权的愤世嫉俗的观点（若需更深入的阅读，请见：Chanfrault-
Duchet，1991；M.Gergen，1988；Murray，1988）。

　　叙事的进展指故事情节跟随时间的发展情况。在一个"前进型
叙事（progressive narrative）"中，故事是稳定向前发展的（图5.1）。而
在"衰退型叙事（regressive narrative）"里，有一个恶化或衰退过程（图
5.2）。对于"稳定型叙事（stable narrative）"来说，情节是平稳发展的，
曲线图没有什么变化（图5.3）。这三种基本格式可以组合起来建构更
复杂的情节（关于这个主题的更多细节，请见：Gergen ＆ Gergen，
1988）。

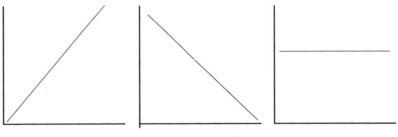

图 5.1　前进型叙事　　图 5.2　衰退型叙事　　图 5.3　稳定型叙事

　　第三个分析策略关注叙事的连贯性。一个结构完好的叙事（一
个"好的故事"），其要素包括剧情（或者不断发展的情节）、一个清晰
的目标、一系列朝向目标实现的事件，以及这些事件之间明确的时间
顺序和因果联系（Bruner，1991）。

　　对自传叙事的研究证实了男性和女性建构叙事是不同的。男性
倾向于谋划清晰界定的情节，这与"一部好的生活故事"的文学定义
是相符合的（Bruner，1991），而女性则倾向于"偏离"文学标准，以多
重维度建构自己的叙事（Gergen，1992）。但这些都是对书面叙事的研
究，缺乏对口头叙事的研究作为补充。所以这一章的目的就在于，先
访谈"普通"个体得到"口头"叙事，然后思考性别因素在叙事结构中
的地位。我们通过比较访谈对象——男人和女人——的生活故事叙
述结构来达到这个目的。

结构分析:把叙事作为一个整体进行分析

这种分析方法的目标是,为每一类性别组勾勒出一个典型的生活轨迹或结构。这个方法需要仔细阅读生活故事,但也需要研究者时刻牢记由访谈对象提供的人生阶段概览。

分析的第一个阶段是识别每个阶段的主线,它是情节发展的主题聚焦②。这时研究者的兴趣点在内容上,但是仅在它能为结构提供原材料的范围内。尽管情节主线可能会沿着访谈对象自己所认为重要的任何主题或问题方向发展,研究者感兴趣的只是内容情节的特殊结构和方向。所以访谈结构曲线图之间的比较,要重点关注主题和剧情的发展——围绕着它们故事结构才能被组织起来,而不是去关注主题和剧情本身。给一个更具体的例子,叙述者的专业成长或社会技能的发展，人同等主题都可能被确定为叙事的主要焦点,但是所依些主题发展的过程,而非这种发展发生于其中的内容

段是确定剧情发展的关键点,它可以从言谈的特殊形式些形式可能包括以下 3 种。①访谈对象对其生活中,比如,"这是我生命中最糟糕的一段时间"或者"就是正那个时候我才第一次意识到我必须……"评价性言论也可能意指访谈对象的整个人生,例如,"我的生活就是一个灰姑娘的故事",这个评论就意味着一个从败落到凯旋的叙事。②对以下质疑的回应:为什么访谈对象选择在某个既定点及时结束一个阶段(这是就每个人生阶段都要问到的四个问题之一)? 这个问题意在找出有关访谈对象生活故事转折点的提示(McAdams,1985,1993)。③利用那些表示叙事结构性成分的术语,这些术语有:十字路口(crossroads)、转折点(turning point)、生活轨迹(life course)、路线(route)、进步(progress)或停滞在某个地方(stay in one place)。

把叙事作为一个整体来分析,也可能会被研究者的个人化透视和

---

② 关于如何识别情节主线的更多解释见第 4 章。

评价性印象进一步强化。比如站在读者的角度，对所描述的每一个阶段中情感细节和情绪深浅的敏感，或者对同一阶段的不同描述之间差异性的敏感，都可以提供有用的线索。

我们选取了全体样本中的一个子群来说明整体—形式分析法，包括了对 22 个中年人（11 名男性，11 名女性）的访谈。伊恩和马克两个人在这部分没有出现，他们的生活故事会在本章的第二部分予以分析。因为访谈被从头到尾录了音，所以给我们提供了完整和逐字逐句的故事记录。按照上面所描述的步骤，我在前进、衰退和稳定模式基础上，为每一位访谈对象绘制了一张人生轨迹曲线图。然后，寻求每一类性别组曲线图的共有特质，以便为这个大组建立一个范例式图表。最后，比较所有这些群组的曲线图。

性别比较

童年：在这个阶段，男性和女性的人生曲线形状是没有什么区别的。童年一般来说都是一段稳定的时期（图表上的直线），它通常被描述为"普通""正常""没有什么特别的重要性"。大多数访谈对象拥有孩童时代的美好记忆，描述当时的家庭生活是安全、温暖和无忧无虑的。用曲线图表示的话，可以把它绘制为图表中的一条直线。

向中学的过渡：从小学到中学的过渡通常都是具有转折意义的经历。尽管不是所有的访谈对象都把这个过渡时期描述为生命历程中的一个重要阶段，但是主要趋势还是朝这个点移动。在图表中，按照说者所述的独特经历，移动的方向用学业的、个性发展的和社会交往的青春期危机事件标示出来，这些都是与其年龄大致相符合的。

爱丽斯评论说："在某种程度上它［去上中学］为我的生活打开了一扇门，决定了以后的所有事情。我可能会去另一个完全不同的地方——谁知道呢？也许会更好一些，也许会更坏一些……但是在任何情况下我都认为是它建构起了一切。"

军队：对大多数访谈对象来说，青春期和服兵役期在结构上是非常相似的。在内容和定位两个方面，这段时期都被描述为自中学开始的发展主线的一个延伸。例如，雅各布说道：

> 在军队的时候，我总是要证明自己能做得更多……我的意思
> 是，所有那些身体上的挑战……那时，甚至现在，我都认为，我只
> 不过是在跟随开始时的那条路线罢了，我想那是在十一年级的时
> 候（那时他发现了自己的领导才能；见第 4 章第二个例证），但是
> 和我在军队的经历比起来，它根本不算什么。

这种模式当然也有一些例外。通常都是对那个实验性分流项目
中的成员而言，他们的中学时光是一段下降衰落期。对这些访谈对象
来说，去军队服役常常会提供一个校正自己的机会。一些人发现了自
己的潜力，或者能够开始重新制订未来的发展计划。利比说到：

> 在某种程度上可以说，军队生活为后来的发展打下了基础，
> 为我想在以后生活里所要做的事情打下了基础，因为在那之前，
> 我常常想自己应该去学习那些事情……但我不知道从哪儿做起。

整体而言，男人们的服役期相对来说更加突出一些③。他们对这
个阶段的描述比女人的描述更长、更具体。这并不让人感觉奇怪，因
为大多数访谈对象的军队服役期和"犹太人赎罪日战争（Yom
Kippur）"④是重合的，它带来了无以计数的痛苦记忆。但是，多数访
谈对象并没有用负面语汇重述这段记忆，而是把它作为一段发现了自
己能力和天分的时期，而这些能力和天分是以前从来没有意识到的。

和前面的阶段一样，在男性和女性的曲线图之间，结构上的相似
性仍然比区别更多、更明显。主流趋势都是有一段平稳上升的曲线，
从一个强势、平稳的童年期开始，至服役期达到顶峰。这个曲线图与
大多数访谈对象相符，也包括上面所提到的那些例外，那些在实验中
学项目里有一段困难时期的人（这是本研究的根本目的）。

青年期：对大多数访谈对象来说，青年期（20 岁左右）与学习或职

---

③　服兵役是以色列所有男性和女性的义务，但是男性的服役期限更长，强度也更大。
④　请看第 3 章的注释㉖。

业训练时间相一致,而这个年龄的中产阶级样本人群也总是把这个人
生阶段与学习和职业训练联系起来。因此无论对男性还是女性,这个
访谈阶段重要的主题兴趣点都是访谈对象所选择的学习路线。由于
一半的女人(6个)都在二十几岁就结婚了,这个阶段里家庭问题也开
始出现。

青年期有这样三种明显的图形结构:一段缓慢上升的曲线代表了
这样一些访谈对象,他们感觉自己在这些年里成熟、发展,随着生活视
域的扩大相应地承担起越来越多的责任(图5.1)。第二个组的访谈
对象把这段青年期经历视为寻觅期甚至是暂缓延滞期
(moratorium)*,我用了一段点状线来表示它(图5.4)。第三种图形
刻画了这样一种倾向,投入短暂的努力以促成人生旅途中的崭新变
化。这一段尝试错误期用一段中度波浪线表示(图5.5)。

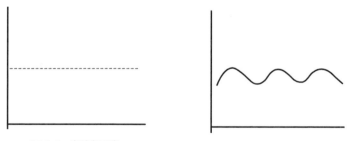

图5.4 暂缓延滞   图5.5 尝试错误

随着对青年期资料再收集工作的逐步展开,建立一个可以代表所
有访谈对象的范例式图形也变得更加困难。超越了个体生活故事间
的差异和上面描述的三种图形的分割解剖式理解,又浮现出一种清晰
的男性图形结构。这部分人群的典型特征可由图表中的一段围绕事
业的中轴线表示,这条线指向成功,有时迅速爬升,有时顽强应付,但
从不放弃。甚至那些从其人生曲线看出停滞期的男人,也都重点关注

---

* moratorium,本是一个法律术语,指延缓偿付或停止赔偿,有时也当暂停操作解释。它是美国
心理学家艾利克森首次引用到心理学的词汇,意指个人从青年到成年发展过程中达到自我认同之
前的暂缓延滞时期,是身体长大而心理没有长大或有待长大的时期。这一时期也是为了未来之事
寻求明确自我而体验、彷徨的时期,不受期望和压力限制,也没有办法独当一面,获得稳定的发
展。——译者注

工作及和事业相关的问题,把家庭和孩子留在叙事的边缘位置而不是中心。

　　如上面所揭示的,男性曲线图间的诸多变化主要是和他们在这段时期内事业进展状况相关的。这些变化大致可以描绘成如下三种类型,不过在个体寻求不同的策略以解决不同问题时,它们也可以被整合起来。访谈对象第一个组(5 位男性)的变化特点是“缓慢上升(slowly ascending)”,他们描述了自己在事业阶梯中朝向管理层和执行层职位的缓慢进步(图 5.6)。比如史蒂文说,“我不认为那里有什么跳跃式的、突如其来的危机或者变动。就是那种拿着固定薪水的工人所过的日子。你沿着一条很标准的路线往前走,没有什么突然发生的事情”。

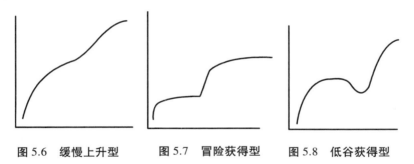

图 5.6　缓慢上升型　　　图 5.7　冒险获得型　　　图 5.8　低谷获得型

　　第二个组是“冒险获得型(risk and gain)”(4 位男性),刻画了这样一批人,他们投身于高度竞争的环境后,承担起自己的责任,并经历了辉煌而短暂的进步(图 5.7)。大卫是这种类型的典型。恩斯特是另一个例子,他说:“我闭上眼睛,纵身跳了下去。还不清楚工作究竟是怎么回事呢,突然发现自己已经是一个办公室经理了。”

　　第三个组的曲线图是在职业进程的初期阶段衰落后退,然后突然上升。这些人把自己放弃地位或工作收益的做法描述成是为了将来的进步。有时可以翻译成,为了更美好的未来抓住机会冒险一搏(图5.8)。如雅各布所说:“我正在一个重要的转折点上,我需要决定该做什么。说实话,我并没有为此费多大脑筋。如果你确实想去做,就可

以在任何领域里有所作为。我不害怕为了以后的冲刺而后退那么
两步。"

女性的典型曲线图难以捉摸得多。这是因为，首先，在大多数女
性的叙事中，为数众多的情节同时围绕着它们各自的轴心旋转发展。
这些主轴交替或同时聚焦在工作、家庭和社会关系领域。像对男性所
做的分析一样，去弄清楚访谈对象把什么看作生活故事的中心情节，
虽然并非不可能，但肯定是一件非常困难的事情。而在一个图表里表
示出这样三条主轴，似乎也是不可能的，因为每条轴的运动都独立于
其他两个。

第二个问题是每条中心轴上情节的错综复杂性。当女人们努力
去阐明她们认为重要的问题是如何重要时，会很轻易和经常性地在话
题和主题间游移。对于经常变化主题意义的情节模式来说，搞清楚它
们的进展非常困难，同样，跟随这些情节的发展也是很困难的⑤。罗
丝的评论就是这种多重、复杂剧情结构的典型，在 28 岁到 33 岁这一
段时期，她在一个明显不同于自己所受训练的全新领域开始了工作，
她试图这样描述：

> 这段过渡期并不坏。实际上它还是很愉快的，不是非常有压
> 力。我习惯了去工作，它确实不错。我知道自己所做的都是为了
> 我的家人，我感觉非常好。也许它算不上是我人生的高潮点。我
> 没有实现我的梦想，对没有继续学习喜欢的考古学专业我感到很
> 失望，但是我知道自己最终一定能实现它。

在这里，对三种情节主线的评价凸显出来。日常工作是令人满意
的，但不是圆满的；家庭让罗丝自我感觉良好，但是专业追求的挫败感
又是其失望的根源。

和在男性组里一样，女性组里也有一些一般性图形结构浮现出
来。不过，这些图形是通过强调诸多叙事线索中的一个识别出来的，

---

⑤　这种联想性跳跃也表现为，女性从回忆童年或关于家庭起源的历史性奇闻轶事，跳转到反思
自己儿女的生活，因此产生了把现在、过去和未来编织到今天对自我的理解之中的复杂叙事。

而不是强调单一的情节轨迹。比如在其中的一种类型（2 位女性）里，和男性一样，职业兴趣构成了中心线，但这种对专业的强调和重视仅是其曲线图数条轨迹中的一条。虽然这种类型的曲线在我们的男性参与者中间也出现过，但相比之下，它往往倾向于朝向顶点路途中更频繁的偏离和脱轨。

第二组有 3 位女性，按照格根夫妇"从此以后一直都很快乐（happily ever after）"的剧情说法（Gergen & Gergen，1988），这一组的特点是，家庭主题压倒一切，当家庭开始成型后，曲线进入高原稳定期。像在萨拉的生活故事里一样，女性生活最初的尝试错误期，因结婚和抚育子女而终结。尽管其他的一些情节主线也以微弱的调子展开，组建家庭还是被认为是最有意义的转折点。曲线图中随之而来的所有进步都接受了整个家庭经历和发展的过滤。有一位访谈对象评论说："你已经走上了这样的一条道路。我们不再是刚刚开始生活的年轻夫妇。我们都有工作，有两个孩子，我们是一个家庭！ 就像我的一个代理人说的，是一张有四根结实腿的桌子。那确实是我人生中的一段稳定时期。"（莉比）

对第三个组（3 位女性）来说，曲线图似乎是在青春期就达到顶峰，然后，随着她们穿越人生的第二个和第三个 10 年逐渐下降。现在这三位女性都是刚刚四十几岁，她们开始慢慢意识到，要重新找回在过去生养孩子的岁月里失去的自由和独立性。贝丝说道：

> 今天的我比过去的我更加开放。随着岁月流逝，你会明白如果你不自己去做的话，没有任何人能够帮助你……最终的分析结论是，在整个人生历程中，有一段时期你一直在给予，在奉献，在养育孩子——确实他们是第一位的……突然，你醒了，开始疑惑……究竟在哪里我迷失了方向？

对 1/4 的女性（3 位）来说，没有勾勒出清晰的曲线图，或者是因为没有一个占优势的主线，或者是因为没有一个清晰目标可以从生活故事结构中呈现出来。

总的看来，女性的曲线图在很多方面有别于男性的曲线图。她们的生活故事不是以朝向一个清晰目标的运动为结构的,也不会以牺牲其他方面为代价而重点强调某一个方面。不过,单一中心思想的缺席带来了更大程度上的灵活性。女人们把自己的精力分散投入不同的领域,但是却拥有了选择更强调哪一个领域的自由。

女性也似乎更容易适应命运的曲折变迁。与男性相比,她们似乎更容易适应不断变化的现实和设定适合当前境况的目标(Bateson,1989;Rabuzzi,1988)。许多访谈对象对自己生活故事的反思也证实了这一假设:

> 我从来不清楚我最适合做什么,也从来没有一个做这个或那个的主要计划……并且你也知道,在人生的道路上,在每一个阶段都会有需要去考虑的新事情发生,你会想可能是这样,也可能是那样。事实就是,我的确不知道应该去做什么。一切都是随机的,没有计划的。事情就如它们所是的样子展开,我只是任其自然发生……我不和它们作斗争,它们也没有把我压垮。(琼)

罗丝在反思她过去的经历时,也强调,她本质上并不是强势的或目标导向型的人。这些特征只是在她人生的稍后阶段才发展起来。

> 直到 33 岁时,我才开始为自己考虑事情。那个时候,我比我生命中其他任何时间都更懂得自己想要什么。我的意思是,我不再是坐等事情降临到我自己头上,而是主动使它们发生……不是任由生活控制,而是主动选择自己的生活将会是什么样子,我是我自己的主宰。

中年:两个需要考虑的重要事项从访谈对象对他们目前人生阶段(也即中年时期)的反思中浮现出来。第一,在中年时期,男性的生活故事和女性的生活故事开始聚合。现在女性的生活故事似乎也开始循着一条中心主题线行进。这种建立在形式分析基础上的现象,和古特曼关于中年男性和女性特征的理论(Gutmann,1987)是一致的。他的论点是,这时的男性和女性在性格上都变得"雌雄同体(androgynous)"了。第二,无论男性还是女性,他们都认为,这个阶段

的生活故事比前面的所有阶段更有积极正面意义。他们的叙事透露出扎实进步和(或)稳定性特征。像贝尔提出的:

> 从那个时候开始很少有变化发生。我们的生活已经是牢固、基础扎实、组织良好的了。所有事情都在一条熟悉的路线上行进⋯⋯生活在继续,我们顺其自然,有时候上升些,有时候则是保持现状。也许过些年我们退休了,事情可能会再开始变化。

一些访谈对象(4 位男性,2 位女性)谈到对改变自己生活的渴望或者职业生涯中的挫败感。比如萨拉,她开始对自己多年的从教生活感到厌倦。不过对于大多数访谈对象而言,在人生的这个阶段似乎都是淡然自若了。当有了一种创造机会或变换方向的自由时,这些中年人也并不匆忙地轻易做出改变。琼说:

> 我认为这是我生命中最好的一段时期,是人生的全盛期。我在所有的生活领域都已经成熟,现在我感觉我理解了生活是什么,知道了在 20 岁或 30 岁时不知道的事情。无论从我和别人的关系、我的自然本性、我对自己和他人的理解这些角度来判断,还是从我对人生的态度而言,今天的我都正处于人生的巅峰期。

两个案例:萨拉和大卫

在这一部分,我会简要分析一下萨拉和大卫的叙事,以此为例说明上文勾勒出的方法。读者可以回顾这两个人的生活故事,给出自己的判断和证明。

萨拉:从内容角度来看,萨拉的生活故事是典型的"女性"故事,有一个主导性的"关系"轴(见第 4 章的第一部分)。她的人生目标首先是从家庭和孩子出发勾勒出来,其专业进步很明显是跟在家庭利害关系之后的:

> 最后大多数人都取得了成功,我们非常成功,每一个人都建立起美满的家庭,有了一份好工作。你可以看到,你知道,每个人都有了三四个孩子,都成了家,有一份体面的工作。

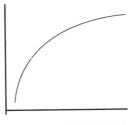

图 5.9　萨拉的故事

　　应该指出,萨拉的生活故事相对于其他大多数女性的生活故事而言更富结构性。她的生活一直是稳定上升的,直到她进入中学才有了变化,被她视为"一种跳跃"。在中学时期,萨拉的人生轨迹开始急速上升,并于服役期间继续保持,只不过上升得更平缓一些,仅是在她因驻扎地远离父母经历失望时有一个短暂下降。直到结婚前萨拉人生的变化都是很少的。在每一个新阶段(学习、在 GG 工作、在集体农场工作)开始时,曲线都是慢慢地上升,只是在她开始感到厌倦或者社交孤独时才有所下滑。萨拉结婚前的这段时期总的看来很难用图形表示。她没有提供任何关于职业选择或动机的解释,也没有提供借以阐明其生活故事何以如此的有关计划。职业发展是从社会人际关系角度入手加以说明的,而不是出于个人专业发展考虑,萨拉把这一段时期称为"单身女人的教学工作"阶段,也正强化了她只是以建立家庭为界划分时间的这一感觉。结婚和养育儿女导致了曲线的急剧上升(图5.9),随后达到了其人生发展的稳定高原区,也就是后来生活中的两次巨大变化——朝向一种更富宗教色彩生活方式的移动和对改变职业的审慎考虑——也几乎没有动摇它。她宣称自己逐渐适应了那种遵从规则的生活方式,而它也不是一个负担。由于工作问题也是通过对家庭的关注而被透视,因此 19 年教学生涯所带来的职业倦怠感也随之被淡化。萨拉解释说,如果自己再生一个孩子的话,就会请假离开一段时间。

　　总体来看,萨拉的叙事是一部不断适应现状的女性生活故事。那些看起来本会打破平衡的事件都被大步跨越。她总是着眼于事情好的一面,尤其是当家庭安宁受到潜在破坏时。就这样,她在把一切奉献给家庭的脉络下,建构了自己的生活故事。对萨拉来说,母性身份认同是其生活故事的一个核心,她把它作为人生道路上的主要目标和进步标志,围绕着这两个方面来叙述自己的故事。

大卫：和萨拉的叙事一样，大卫对自己童年的描述也符合建立起的样本标准。除了一些沉浮变迁以外，"没有什么特别的事情"，"当一个家伙比较受欢迎的时候，那它就是好的；而当你不那么受欢迎时，那么……[就比较坏了]"。就像萨拉一样，大卫似乎也有把人际关系作为自我认同的核心的经历。不过和萨拉不同的是，他投入更多精力去规划自己在社会和阶层等级中的地位，借这种地位来定义自己的社会身份。

在大卫叙事的上升期中，有两个相互冲突的主题：追求成功的驱动力和减缓进步的需要（通过确保自己一直在第二或第三的位置，而不是第一）。这两个主题间的斗争在他生活故事的每一个阶段里反复出现，塑造和决定着他发展的步调。

大卫生活中的第一个转折点出现在他的服役期。那时他决定离开同伴，走一条自己的路，这是他人生的转折点，表现在图表中是一段逐渐上升的曲线。自此以后，职业主线开始成为生活故事的中心，曲线也一直伴随他的不断进步而逐渐上升着。如他自己描述的一样，进步经常是缓慢的、磨人的，有时充满了障碍。

> 工作上我得到了一个很大的提升。从一个小小职员，到所在部门的副经理，我被安排处理旅客们的投诉抱怨。[……]。后来我意识到在那份工作上我很难有多么大的作为，这并没有浪费我很长时间。我不准备继续容忍下去了，所以[……]，我开始寻找另一份工作。我想到一个能做出点样子的地方去工作——不是那种我一直留任的大机构。

大卫生活故事的曲线图只在两个点上有急剧的上升，作为对其职业选择的回应。第一个是他决定到宾馆事业领域冒险（图 5.10）："我去了宾馆工作。这对我来说是个很大的跳跃，一个野心勃勃的跳跃，它是……我想是我常做的事情。在宾馆我得到一个

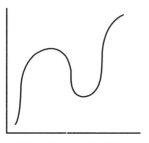

图 5.10　大卫的故事

很重要的管理工作,尽管我对宾馆事务毫不知情,只当过旅客而已。
那是一份相当重要的管理工作。"第二个上升点发生在他同意离开以
色列,到非洲一个更有挑战性和冒险色彩的当地宾馆去工作。

大卫继续向我们提供其专业发展史上那些关键转折点的细节性
描述,详述他当初面临的可供选择的种种方案,似乎要确保听者能够
理解,要是他采纳了其中任何一个替代性方案,整个人生可能就会完
全改写了。为保证自己的专业发展,无论是学习还是工作,他采取了
很多积极措施,这些在其叙事中有非常突出的体现:

> 我开始感觉这个"第一家宾馆"对我而言太小了。我需要了
> 解更多——宾馆可是个大世界,并且一直有新方法产生发展着。
> 就在那时,一家美国连锁酒店在城里新开了一个小宾馆,我认为
> 这将是一个新的开始,于是我就去那里申请了一份工作。

实际上,大卫叙事的运动方向完全是受其专业发展控制的。在一
个新专业发展阶段开始的时候,曲线急速爬升,再比较平缓地继续上
升一段时间,然后在朝向此阶段结束的途中稳定下来,这同时又促使
他寻找新的领域,开始了一段全新的上升运动循环曲线。因为大卫生
活的独特环境所致,家庭问题在他生活故事的很多阶段里都是非常突
出的,当然也是相当重要的。然而从大卫叙事的发展角度来看,它们
一直处于边缘地位,总是游离于生活故事的内容和结构之外。比如,
虽然家庭主线一直在发展着,但是似乎和主要的事业主线没有什么联
系。作为对有关这个主题的直接问题的回应,大卫声称家庭事务也影
响了他的事业选择,但这个宣言并没有被其生活故事自发证实。家庭
问题从来没有引发其路线的些许转移。即使是在领养第一个孩子时
所经历的困难,或在非洲宾馆工作期间对儿子感染艾滋病的担心,似
乎都对他事业的进步或发展方向没有产生多大影响。

总而言之,大卫的自我认同主要是事业型的,他的叙事由朝向事
业目标的持续运动建构起来。其职业自我认同的最显著特征是有雄
心、组织能力强、愿意承担挑战和风险。这些特征在其叙事的结构和
主体内容中都有所体现。

讨 论

本章的这一部分意在呈现对叙事结构要素的分析。我已经从整体剧情结构角度入手比较了男性和女性的生活故事。

在讨论我的发现之前,关于在前面部分里介绍的分析和生活故事结构分析对理解自我认同的用途,一些保留意见应该被提出来:首先,我的结论建立在对这样一个小而特殊的样本的分析之上,即,受过教育的、身为中产阶级的中年男性和女性。通过分析其他两性人群推导出的叙事结构特征,可能与从本研究选择的样本中所发现的特征有很大区别。

其次,结构图(本章开始部分所描述的)是以清楚可视的方式来呈现大量叙事资料的一个有效工具。但是,它无法呈现那些迥然不同而没有内在联系的资料,这一点可能会阻碍这种工具的推广和应用。

再次,我们要求研究参与者以章节的形式来考虑自己的生活故事,这种要求导致了他们特别强调自己人生的转折点和重要开端。可以想象,生活故事的结构可能不是完全按照自出生那一刻起的时间发展顺序而组织的,极有可能是不同样本之间各有不同。

尽管有这些条件限制,研究还是得出了几个重要的结论。对整篇叙事所做的结构分析,是与描绘说明生活故事各阶段的创造性活动相伴的。虽然我本来希望能得到一些与前文介绍过的文学形式(如,浪漫剧、喜剧、悲剧或者讽刺剧)相对应的结构类型,但分析得出的结构还是不那么严格符合传统的模式。不过,如果我们回到本章开始时介绍的这些术语,男性访谈对象的叙事模式与"浪漫剧"大体相似,因为这里也是有一个主人公在应付着一系列冲突和艰难险阻。女性访谈对象的叙事则是有着追忆色彩的"喜剧",女主人公为了社会和谐的重建而与种种障碍抗争,当她们在社交方面娴熟自如时,往往会大获全胜。

在男性和女性的叙事之间有很多的结构相似性。他们都强调人生早期阶段(童年和青春期)的重要性,都描述了一个简单的上升路线，一直持续到青年时期。

但是，到了青年期（20 岁左右）阶段开始出现区别。男性继续沿着规划出的职业主线轻松前进，其间可能会呈现一些不同的形式变化，但总体而言，反映了一种向上的运动趋势。女性的职业主线却不容易用图形表示。例如，一些女性的生活到了青年期开始走下坡路。一个更大的困难是创作一张表示生活故事结构的多重情节主线的单幅图表。当女性有时候以牺牲其他一切为代价，而把家庭问题作为唯一一条中轴线时，通常还存在许多同时进行和同样重要的轴线，也需要在图形上表现出来。

如果存在一个独特的女性生活故事结构的话，那么很值得去寻求为什么女性生活故事结构的复杂性只有到了青年期才开始浮现出来，为什么在中年期又开始稳定下来？而且，考虑到我们的这个假设，生活故事和自我认同之间的关系，还有所说的生活和所过的生活之间的关系，都是双向的，那么，这些被建构起来的有着多重声音的叙事是如何与这些女性的自我认同相关的？

对第一个问题的回答，可以在对人生不同阶段社会化过程的思考中寻找到。在童年和青春期，男孩女孩都被鼓励朝着诸多方向发展，选择和探索的自由被认为是无关性别的。用结构化术语来说就是，多重轴线对每一个孩子敞开，每一条轴线皆可被视为可行的未来发展路线，不管其焦点是在社会技能和学术才华上，还是在自信和独立性方面。可是当年轻人进入成人期以后，社会标准开始"命令"他们沿着某一轴线继续前进，而别的轴线则开始黯淡下去。男孩们被操纵着朝专业优异这个方向努力，女孩们则被认定拥有更大的灵活性，所以要沿着家庭和养育子女这条航线行驶，只是在社会和家庭关系领域、职业、对家庭的投入多少等方面留有选择余地（Levinson，1996）。这一点可以很好地解释她们生活故事结构的多轴特征⑥。

---

⑥ 推测一个生活故事可能呈现为传统社会形式或前女性主义社会形式是很有趣的。可以想象，女性生活故事里潜在职业主线的缺席，可能会导致一个更加清晰的情节主线的出现，她们会很早就把自己置于家庭事务中。

到了中年时期,两类曲线图之间的差距又一次合拢。可能是青年时期的那些让女性无法脱身的多种需求,在强度上开始减弱,随着人到中年,她们又一次把自己集中在单一情节轴线上。古特曼(Gutmann,1980,1987)把养育子女的这一时期概括为成年生活中的"非常时刻",这个概念和我们的论点是一致的。按照他的分析,只有养育孩子这段关键岁月过去之后,她们才能享受一种较高质量的生活,才能为自己建立一个自由呼吸的情感空间。

对第二个问题的回答更加复杂。叙事可以被用作治疗工具,对这个用途的深入研究已经揭示出,生活故事形式上或结构中的"缺陷"能够反映自我和自我认同方面存在的问题[7]。这就意味着,对作为研究参与者的这些女性而言,因为她们的叙事从"好故事"(结构上清晰、富有逻辑性、目标明确和不断运动发展的情节,Bruner,1991;Omer,1994)的结构标准来看,是有"缺陷的",所以,她们的自我和自我认同也一样是残缺的。这种结论是很成问题的,不仅因为她们都是健康、机能健全的成人,还因为这暗示了一半的人种都在受自我认同问题的困扰。很显然,就像 M.格根(M.Gergen,1992)的研究结论一样,"有缺陷"不在于女性的叙事,而是在于对何为结构良好叙事的定义并不适合女性叙述者。

女性文学和自传的其他作者与研究者也都已经证明了,试图按照"好故事"的标准来理解女性作品是存在问题的(如 Bateson,1989;Belenky, Clinchy, Goldenberger, & Tarule, 1986; Duplessis, 1985;Heilbrun,1989;Rabuzzi,1988;Woolf,1929/1957)。不止一位学者提出如下抗议,由男性建立起来的好故事的标准,仅仅与占人类半数的男性相关,仅仅与他们的生活故事、生活和叙事相关(Mason,1980;Woolf, 1929/1957)。

因此,我的结论是,对叙事结构的分析可能是理解自我认同的一个有效工具,但是,在分析女性叙事时,需要使用更加灵活的"好故事"标准。

---

[7]　例如:White and Epston(1990)。

二阶生活故事——自我实现的叙事：
艾米娅·利布里奇、里弗卡·图沃-玛沙奇和
塔玛·奇尔波

　　接下来的这一部分要论证一种独特的形式：对二阶生活故事（two-stage life stories）的分析。像在本章第一部分里交代过的那样，它仅建立在全部生活故事的其中两个基础之上。虽然大部分的访谈对象，无论是青年组，还是中年组，都用我们所提示的人生阶段概览，把自己的生活故事划分成5~7个按年代顺序编排的章节，每一章都涵盖了10年左右的时间跨度，但是中年组（42岁）有两名

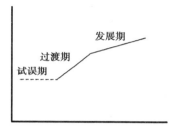

图5.11　两部生活故事的结构

男性提供了只有两个阶段的生活故事结构（Lieblich, Zilber, & Tuval-Mashiach, 1995）。在和访谈者互动交谈时，他们拒绝了进一步细分生活故事内容的建议，坚持认为这种结构不仅足够，而且能最真实地表达自己的人生故事。对他们的文本做更深入的审视，能发现这样三个阶段：一个主要人生变迁"之前"和"之后"的日子，还有一小段可称为"过渡期"的比较温和的时期（图5.11）。尽管这两部生活故事在文化背景和主题内容间有很大的区别，但它们在形式上有着非常显著的相似性。在接下来的部分里，我们将以这个模式为例，简要说明一种在整体视角下以故事的形式为基础所做的叙事分析。

　　伊万以28岁为界把他的生活故事一分为二，在那个时候，他正经

历向传统犹太教生活方式的转变⑧（conversion）。而麦克的变化发生在他成功制作了他的第一部长片后，那时他 35 岁。我们意欲用这两个例子为示范，说明生活故事的结构可以反映说者（这里指一个"真理寻求者"或"自我实现者"）的较深层人格，而内容则显示了生活故事借以展开的独特文化背景——在本案例情境下，指追求在哪里发生、朝着哪一个目标。

两部生活故事的特征可以概括为，完全由唯一一个中心思想支配，它为说者记忆的重组提供了一个锚。人生转变前的第一部分，被回想成一段漫长的、相对无意义和未分化的时期，一个完全是尝试错误或没有任何进步的阶段。有关这个阶段的一些细节都是模糊或迷失的，许多岁月和事件都沦为一团乱麻。而积极追求这个阶段和变迁自身，被赋予了一层神秘的意义，被描述得翔实和绘声绘色。反映目前情况的这一部分，也即转变以来的自我实现，被描绘成一个自身成就和满意程度逐步上升的阶段。诸阶段之间的区别不仅体现在它们的内容上，更体现在谈论风格和叙述者的情绪状态上。

让我们考察一下伊万和麦克的生活故事，以证明这些论点。

转变之前

伊万回忆起他的早期生活是非常含糊暧昧的："我常常突然就去了那里，很突然，没有什么预兆，接着又发现那并不是……所以我又回到这里。就像那样的，毫无意义。"

访谈者追问这番话的意思，是要求他进一步阐明，伊万说："但是我那时做的一切事情都是毫无意义的……在小学和在中学或在军队⑨都没有什么区别。"

在访谈的另一个不同阶段，他说：

---

⑧　"转变（conversion）"一词在接下来的部分里指的是，一种过渡到采纳正统犹太教生活方式的变化——不是像它的惯常用法一样，比如从信仰犹太教到信仰基督教的变化。正统犹太教生活方式包括许多渗透在所有生活领域的每日常规，从公开的每日三次祈祷到一种严格的穿衣风格。

⑨　以色列所有的犹太公民都必须在 18 岁服兵役。

> 现在看来，我那时候就是生活在幻想里。我不是……总起来
> 说不是……如果有人问起我是什么，我会说我什么也不是。就像
> 这样，不存在的，像是在外太空，（笑）毫无意义。

用几个磕磕绊绊不连贯的句子，他一口气介绍完了服兵役和尝试
各种职业的那些岁月，没有对它们进行详细的描述：

> 在军队，我是情报组的。后来……那个……我迷失了自己，
> 我不属于任何一部分。我试着申请入大学学习，但是没有被接
> 受。所以我试着……我在各种位置上都尝试学习过。比如，我研
> 究教育学，和街头混混们一起做事，但是后来我离开了……又开
> 了一家录像带出租店，总之，做了好多的事情。

值得注意的是，在伊万的生活故事里，他的父母或兄弟姐妹一直
都没有露面。伊万转变之前的生活故事里没有提到他们，是因为伊万
没有想起他们，既然他们和伊万现今的犹太教生活方式没有什么关
系，那么很显然对他的变化也就没有任何意义。而后来，他们也并没
有和伊万一起转变，所以在后面的生活故事里，他们也缺席了。这种
忽略给伊万的生活故事带来了一种不连续感，似乎他是在转变的那一
刻才得到"重生"。

伊万对自己转变前生活事件的评价是完全由他现在的价值观决
定的。在生活故事第一部分所描述的几个例子中，他谈到了自己曾经
无意识地卷入了一宗轻度犯罪行为（一次似乎带有卡夫卡色彩*的回
忆），从而"获得"一次犯罪记录（这被他视为一个"污点"）。也因为
这个，他不能如己所愿地成为一名警察。不过这场不幸现今被重新构

---

　　* 弗兰茨·卡夫卡（Kafkaesque），欧洲著名的表现主义作家。他生活在奥匈帝国行将崩溃的时
代，深受尼采、柏格森哲学影响，对政治事件一直抱旁观态度，故其作品大都用变形荒诞的形象和象
征直觉的手法，表现被充满敌意的社会环境所包围的孤立、绝望的个人。卡夫卡的作品成为席卷欧
洲的"现代人的困惑"的集中体现，并在欧洲掀起了一阵又一阵的"卡夫卡热"。从 20 世纪 60 年代
起，在德语、英语等西方语言的普通词典上就陆续出现了一个新词：kafkaesk 或 kafkaesque——诡异
的、卡夫卡式的，像卡夫卡小说那样诡异的、受压抑的和噩梦般的。就像在中国的日常生活中，说一
句"你做事不要那么阿 Q"，尤其对"阿 Q"做任何解释那样；西方人现今说"我觉得今年的这次旅游
真像进入了一个卡夫卡式的世界"是不言自明的，不必再对 kafkaesk 一词作进一步解释。——译者
注

架,成为引导他走向转变的因素:"这个污点似乎妨碍了我想做的很多事情,但是从另一方面来看,今天我意识到,它可能就是命中注定的。因为,要是我当上了警察,今天的我会是在哪里?"

如果说,伊万转变前的阶段是一次漫无目的的尝试错误的过程,麦克关于这个时期的描述,则呈现了他实现自己艺术天赋并走向成功的准备过程。访谈刚开始的时候,麦克说在他的生活故事里只有一个转折点,那就是,自己第一部电影的出品,然后他这样描述前面走过的35 个春秋:

> 我想这些章节主要是(从目前状态来看的话)仅仅遵循一种[和那些跟我一样的人所走的]几乎相同的路线,除了名字,还有家族的姓、家庭的规模、家庭住址——一般来说这几乎在所有地方都是一样的。这里的人全都走着相似的道路。我不认为有什么能让我变得特殊起来。

不过,随着故事的展开,我们会明显看出,这个转折点并不是革命性的或者纯粹意料之外的,因为从很早开始:

> 我一直都有些艺术天分,只是不知道如何把这种内在需求用写作的方式引发出来,后来我尝试戏剧,尝试文学,我发现自己的确写得很棒,很传神,我的想象力异常丰富。所以我决定去学习电影制片,也就是制作电影。

麦克把当年的自己描述为一个非常有想象力的孩子,在谈论这一点时,一直都是用很夸张的语气和表情,不断地思索着、纠正着自己所说的话。比如,当谈到自己在学校竞赛中赢得一本百科全书时,他过了一会儿又接着补充说:"顺便说一下,我得到的并不是一本百科全书,不过是一本小书而已,我只是用这种方式来表达自己。"他的生活故事就像一部电影,以另一种富有想象力的方式展现出来。

在建构叙事的过程中,他们都致力于单一价值观(宗教之于伊万,艺术之于麦克),造成了这么一个结果:转变前的第一部分只不过是以后来的自我实现状态为透镜来看的。伊万把他没有上帝的生活看作无意义的,不值得去书写;麦克则重构转变前的人生,把它作为一个复杂的、为以后可能会得到发展的能力做准备的过程。

转变过程

这一个短暂的发现人生目标和尝试错误状态而逐步稳定下来的过程,并没有被伊万和麦克两位说者作为一个突出章节来呈现。不过,虽然这部分很简短,但是和前面一部分相比,以其细节入微、描述确切等特征而突显出来。

除了大量细节性描述和类似"我知道,我相信"等反思性词语以外,伊万生活故事的这一部分出现了一种惊奇感:

> 后来,在那个时期,我苏醒了,我开始思考一些关于人生本质的问题。直到有一天在耶路撒冷,我走在乔治街上,看到悬挂在一根柱子上的一项公告,邀请广大民众去参加一个关于犹太卡巴拉神秘主义⑩*的演讲集会。我不知道它是什么,但仿佛犹太教义有种神秘的力量,我被召唤去了。演讲主题吸引了我,我不知道,我不相信犹太教竟是处理类似神灵、鬼魂、占星术等精神主题的,这太让我震惊了。所以,我开始深入这些主题,接触这些知识,外部和内部的变化开始发生了。

从这里开始,他后续的生活故事一直是细节翔实、例证充分的,反映了在这个新发现的世界里那种惊异和极度快乐的感觉。

对麦克来说,情况也是如此。变化的确切时间被给予极大重视,

---

⑩ 一个神秘的传统犹太教见神论(theosophy)系统。

* 卡巴拉(Kabbalah)在希伯来文中,是传承的意思。相传是上帝传授给摩西的。卡巴拉的智慧无穷无尽,包括整个宇宙的智慧,以及个人的内心。犹太人由于有卡巴拉的智慧,才能在外族的迫害下还能生存。塔罗牌的主牌中,希伯来文的 22 个字母与卡巴拉都有关联。我们人类由于一连串的分裂,有个性的形成。刚开始时人是一个结合在一起的个体,伤害别人等于伤害自己。但现在是分裂的个体,分裂的个体是不完全的。因此要截长补短以补自己的不足。人和人的相逢不是要彼此竞争,是要互合合作,提升精神层次。卡巴拉就是帮助人提升精神层次的技术。为了提升精神层次,每个人都有一个使命。在灵魂依附肉体前就被给予了。了解自己的使命所在,把所有力量集中在这里,这样便能照自己内心的想法完成一件大事。随着年龄的增长,人逐渐忘了自己的赤子之心(使命),因此应该检讨今生的使命和自己生命的意义。——译者注

它跟随在几个先兆性事件之后：第一个儿子的出生，长时间旅居欧洲后回到以色列。"我凭直觉感到在这里我将能得到更多，我会有更多机会去实现自己的梦想……我来了，并得到了我追求的所有东西。"

以自我实现形式呈现的生活故事

信奉正统犹太教的生活，让伊万的人生和生活故事变得有活力起来。在他的生活故事里，相比父母的缺席，现在的拉比（犹太教教士）被着上了浓重笔墨，伊万带着深深的敬畏描述了他。此部生活故事给人这样一种印象：伊万的自我认同完全与他的宗教思想融合在一起，他个人的家庭也没有和他的教友及拉比分离开，甚至是这个拉比帮助他找到了他的新娘。

在麦克展示他生活故事的这个阶段时，同样的热情和谦恭也被给予了他所选择的业余爱好。当说起这个时他神采飞扬，"从那个时候开始，每两年就会有一部新影片出台，直到今天一直如此"。访谈的最后一个小时几乎全部是他在展示自己影片的各种情节和布局，这些可以被视为他生活故事的选择性重构。

这两部生活故事都没有把变化描述成一个高潮，自此以后的人生就在强度或满意度上逐渐降低，或者是就像"从此以后过着快乐的日子"的情节一样，到达一个高原期。它们也不是那类通常被称作"浪漫剧"的生活故事（也即，为寻找一个单一目标或状态的追求故事），而是寻找一条"道路"、一个方向的故事。一旦它被发现，说者便会在他们的道路上一直前进发展下去。有趣的是，带有宗教之于伊万的生活、艺术之于麦克的生活这样强烈影响印记的类似事物，也存在于两个主人公遇到他们的妻子和养育子女的生活故事内容里。因此婚姻和为人父母两个事件并没有分割其故事，而是被包含在他们的主要追求下。

结 语

这两个男人的生活故事虽然都被冠以自我实现叙事的名称，但在内容上还是有区别的：一个在宗教里发现意义，一个在艺术中获取成功，它们在形式上非常相似。这种二阶模式可以被看作一个展示潜在个性的过程，而不是展示它所处的独特文化环境。也许生活故事的形式比明确展示的内容还要意义深刻，相比之下，故事的形式更不容易被有意识地伪造和歪曲。有鉴于此，生活故事的整体形式可以被作为理解说者个性的一把钥匙。所以，我们可以努力挖掘那些以悲剧、喜剧或浪漫剧等形式建构自己生活故事的个体（Gergen & Gergen,1986；Omer & Alon,1997），以更多地了解他们更深层次的自我认同。就像刚刚展示的二阶叙事形式，就向我们揭示了一种"真理追求者"或"自我实现者"的自我认同。

不过，正如本章第一部分所分析的，并不是所有的生活故事都带有这样的结构化特征。在很多情况下，通过生活故事内容揭示说者内心世界的方法，不管是整体方式还是类别方式，都比通过形式特点更直接或更容易被人接受。这个说法也许对我们团队中那些做协助性工作的人来说非常准确，他们接受了如何倾听别人谈论生活故事的专门训练。但是本书提出的各种阅读和分析生活故事的方法模式中，没有哪一种方法，仅凭借单枪匹马的力量，就能得到和联合其他方法一起进行阅读分析同样多的成果。

第 6 章

类别—内容视角

在这一章里,生活故事的叙述资料将被分析处理,也即,把文本分为几个相对小的内容单元,然后对这些内容单元做描述式或统计式处理。这通常被称为"内容分析",它实际上是心理学、社会学和教育学领域研究叙事资料的传统方法(Manning & Cullun-Swan, 1994; Riessman, 1993)。本章将详细呈现和说明从我们自己研究中选取的两个内容分析的例子,并以这两种方法的比较分析作为结尾。

内容分析的方法有许多形式,视研究的目的和叙事资料的特质而确定采用哪一种。偏重于某一种形式也和研究者本人有关,一方面,他们有的坚持客观性原则和量化分析过程;另一方面,有的研究者可能采纳诠释的和质化的分析视角。在这一章里,我们不介绍所有的可能性,也不提供详细指导。但是,会跟随一系列范例性步骤,以研究样本为例,重点展示在阅读生活故事时内容分析法的应用。

大部分内容分析法所采用的步骤都可以总结为以下几个方面:

选择子文本。在一个研究问题或假设的基础上,给文本的所有相关部分做上标记,然后,把它们集合成一个新的文件或子文本,这个子文本可以被视为所做研究的一个内容整体。例如,如果研究假设包括了说者的家庭(正如本章第二部分所示),我们就应该分离出生活故事里所有涉及家庭的部分,而文本的其他部分则可以省略。子文本里的所有部分都是从整个生活故事脉络中提取出来,然后进行独立处理的。不过有时候对结果的诠释,是由那些处在所选子文本之外的访谈资料部分证实或推动的。在一些研究中,当研究问题或假设致使研究者去选择一个指示性访谈时(指示性访谈即一个指导受访者去重点关注"相关"资料,而不是提供一个完整的生活故事的访谈),所获得

的所有文本都可以被当作内容分析的资料(Lieblich,1986;Wiseman &
Lieblich,1992)。

定义内容类别。内容类别是用于析出子文本并划分文本单元的
各种主题或角度,划分出的单元可能是一些词语、几个句子或者是一
组句子。类别可以用某个理论提前定义:比如马斯洛(Maslow,1954)
的人类动机理论就能指导研究者在文本里寻找有关不同需要的证据。
类似地,艾里克森的发展理论能被用于识别不同的发展阶段及典型冲
突(Stewart,Franz,& Layton,1988)。选择类别的另一种方法是尽可能
开放地阅读子文本,定义出从阅读中浮现的主要内容类别。这个过程
和下一个阶段,即把资料编入各个类别,是紧密相连的。在实践过程
中,整个循环过程包括仔细阅读、划分类别、把子文本内容归入各类别、
得出其他补充类别或润色现存的分类,等等。以某理论为基础而提前
定义的分类方法,相对于凭借经验进行分类的方法,二者之间的区别并
不像它们外表看起来那么明显,因为读者会把自己理论的或者常识性
的假设带到文本的阅读中,这些都是不可避免的(Linde,1993)。

类别的最佳数目是多少,它们又该外延到什么程度? 对这些问题
的回答自然要看研究的目的和来自实践方面的考虑。研究者应该在
两个不同的倾向间达成平衡。一个是定义很多精微的类别,它们保留
着原文本的丰富性和多样性,但是需要细致谨慎地进行资料归类。另
一个是定义一些宽泛的类别,它们用起来很容易,但是对整个复杂文
本而言贡献有限。

把资料归入各类别。在这个阶段,独立的句子或言论被归入各相
关类别。尽管多段言论可能都是来自某一个生活故事,类别却可能会
包括几个不同个体的言论。这个过程,就像定义内容类别一样,可以
由一个或更多研究者实施。当两个或多个鉴别员介入到把诸内容归
入各类别的过程时,可以让他们分别独自进行,以判断评分者间信度
(interjudge reliability)*,或者,允许他们合作,以产生对文本及文本对

---

* 指有两名或两名以上的人对同一组数据进行独立观察和记录时,不同评判者之间的一致性
程度。如果不同的评判者得出的观察结果相同,那么研究者就能保证这些观察并非单个人主观扭
曲的印象。——译者注

不同读者之意义的更高度的敏感性。

得出结论。每个类别下的句子都可以用其频率来计数、制表和排序，或者进行各种统计计算，所有这些都是和研究目的、研究问题和（或）研究者的偏好相一致的。也可以选择这种方式，即，描述分析汇总到每一个类别下的内容，以形成关于某特定人群或文化之内容总体的画面。如果研究者已经明确陈述过自己的假设，它们就可以在这个阶段得到检验。

这些步骤程序看起来似乎简单清晰、容易实施，但是在每一个步骤中，都存在需要研究者做出复杂决定的两难情境。比如，应该把哪一个单元考虑进来——整个句子还是一部分，抑或是某思想的一个完整表达？是否要考虑言论的强度？要不要把同一种表达的数次重复都包括进来，又该怎么计算？因为没有解决这些困境的简单可靠方法，所以分析的精确性永远不能被视为理所当然。当计划做内容分析时，最合理的考虑应该是研究目标和研究方法间的协调一致。

成年人眼里的中学经历：艾米娅·利布里奇

下面用来形成并展示内容分析方法的问题，与中学经历对这四组成年人①自我的影响有关，对于这段经历的远期记忆及他们的主观印象②，都对这些人的自我形成产生了长远影响。

1.中年组（42 岁），分流中学毕业生（19 人）
2.中年组（42 岁），综合中学毕业生（17 人）
3.青年组（28 岁），分流中学毕业生（12 人）
4.青年组（28 岁），综合中学毕业生（12 人）

有关研究问题的理论基础和访谈来源的问题在第 2 章已经描述

---

① 关于研究样本及其中学经历的完整描述，请见第 2 章。
② "主观的"影响意指说者本人对其中学经历的评价。本章不涉及四个研究组间"真实"或"客观"程度的比较。

过。所进行的分析包括了所有对这个人生阶段描述足够完整的 60 名研究参与者。

本次分析没有提出任何明确的假设。我更感兴趣的是，比较四个研究组之间在话语描述上与其中学经历相关的问题维度。

内容分析的步骤

1.在原始资料的逐字稿上标出所有和中学经历有关的句子。这包括在整个访谈过程中所提到的相关部分，而不仅仅是在生活故事的青少年期描述中出现的。

2.从这些子文本里，两名阅读者选择"主要句子（principal sentences）"，也就是那些有关内容总体的新颖独特思想或记忆的话语表达。每一个参与者的这种表达都被分离出来，建立一个"主要句子"文件包。读者可能注意到，这个分析阶段没有在前面所提供的内容分析各步骤中列出。当资料充斥着重复语和详尽细节时，比较可行的做法是，集中关注"主要句子"而不是完整文稿。

资料分析进行到这一步，可能已经得出几个结论了。总的来说，1846 个主要句子被摘录出以供接下来使用（请注意尽管研究样本数量并不大，分析单元的数量，也就是"主要句子"单元却非常庞大，提供了推论的大样本）。四个研究组中这些句子的分布是不均匀的，平均每一组个体的主要句子数分别是：中年分流组 34.8，中年综合组 24.3，青年分流组 37.2，青年综合组 26.6。

这里的区别表明，对那些在分流中学学习的人而言，无论是青年还是中年，和那些在综合中学的人比起来，在他们的生活故事中，有关中学经历的描述所占比例要大一些。换句话说，中学经历似乎给那些参与实验分流项目的人留下了更深的印记——不管其日后证明是积极的还是消极的。因为四个研究组在整个访谈或文稿的长度上并没有明显区别，所以这个结论是有效的。

3.依其内容对每一个"主要句子"给出积极、消极或中立的判断，也就是按照它透露出的对中学或对中学里自己的态度进行判断。我们从各个界定出的内容单元里觉察到满意—不满意、吸引—拒斥等态度，然后据此进行判断，而这种判断往往也是适合内容总体的。

接下来，当一个人的序列总体具有超过 3/4 的句子被判断为"积极的"时，符合我们的标准，就被判断为"积极的"，而如果有超过 3/4 的句子是消极的，那它就是"消极的"，或者如果积极句子和消极句子看上去比例相当，它就是"中立的"。对定义积极、消极或中立之特殊标准的选择是随机的，如同这个步骤中的其他许多决定一样。

各组的消极评价之间没有实质性区别，综合组的毕业生在考虑其中学经历时稍微积极一些（中年组 53% 和青年组 67%，分别对应分流中学组的 52% 和 33%），也更少持中立态度（29% 和 25% 分别对应 27% 和 52%）。从年龄角度来看，相对于青年组，中年组毕业生留有一种更加积极的记忆，对这段经历的评价也更好些。

4.在进一步阅读的基础上，为每一个人的序列总体提出与其内容有关的几个类别，然后，把他的主要句子归入不同的类别。在四个研究组的每一位访谈对象身上都进行这项工作，并由两位判断者③执行，他们一起讨论所做的决定直到达成共识。

这个阶段要开始考虑每个内容分类的广度或者它的概括水平，而这种考虑也可以被用于阐明研究目的对内容处理过程中诸多决定的影响。出现频率最高的类别是"教师""学术成就"和"班级/学校氛围"。它们都是宽泛的类别和显而易见的分类形式。但是在概括化水平上，各研究组间并没有什么不同——那么研究的目的就达不到了。所以，我们决定把主要句子划分成更窄的类别，通常包括对一个记忆的评价，比如"好老师""坏老师"，或者"作为一个好学生""作为一个普通学生"（表 6.1a、表 6.1b 和表 6.2 会提供更多的例子）。因此，尽管诸类别是从子文本里自动浮现出的，但研究的目的影响着它们在概括性或广度方面的定义。

总的来说，所有访谈对象的主要句子序列共分成了 35 个类别。

③　笔者和萨拉夫人（Sara Blank Ha-Ramati）——参与访谈的一个临床心理学家。我愿意把我最真挚的谢意献给萨拉，感谢她对这项研究所作的贡献。

这个整体里不涉及那些仅仅包括 3 个或更少句子的类别,因为它们只表现了极其匮乏的内容资料,尽管其也有令人感兴趣的地方,但是对我们的分析没有什么帮助。这个阶段还采取了另一个主要决策:对同一个人而言,各类别的处理不能超过两次。换句话说,如果某人重复某思想超过了两次,在内容分析时仍被计分值为 2。这样我们希望,能少重视访谈的长度或谈话者的修辞,而多聚焦于它所表达的思想。于是,每一个类别在每一个人的记录中出现的次数就是 2,1 或 0。别的一些规则自然也被采纳了,例如,计算每一个类别在整个文本中出现的频率。

表 6.1a　主要句子及其类别的示例:萨拉

主要句子	类别	评论
1.中学经历对我确实有利	1.对学校的总体积极评价	1.她的正面陈述强调了对"我"有利
2.我们班非常团结融洽	2.班级里好的人际关系	2.提到她的班级,而非学校
3.我们在市里最好的学校组成了一个班	3.为学校感到自豪	3.她省略了"特殊"或"实验"二字
4.他们把我们视为观察对象[……]好像我们是动物园的猴子	4.歧视和孤立	4.一个感情色彩强烈的比喻,但是可以作为一种幽默表达被接受
5.他们想看看这些新来的家伙都是怎样的	5.普通班学生的好奇	5.说"新来的"而不是"不一样的"
6.有些孩子觉得很不自在,似乎他们就是与众不同	6.一种自卑感	6.把她自己从那些有着不同和比较痛苦反应的人中排除出去
7.但是我不这么看	7.自我的独特性	7.一种不同的"看",而不是一种不同的"感觉"
8.我认为这所中学的确为我们投入了很多,远远超过我们所预期的	8.学校的高投入	8.强调陈述——"的确""远远"
9.我们在家庭作业方面得到了帮助	9.学校的高投入	9.为前面的陈述提供具体的例子

表 6.1b　主要句子及其类别的示例：大卫

主要句子	类别	评论
1.我不是班里最好的	1.是一个普通学生	1, 2, 3. 提到中学时很随
2.我甚至都没有努力	2.在学习上投入有限努力	意,并不看重它
3.我去了 B.D———一个普通的学校,合情合理	3.对学校的中等评价	
4.我待在那里[……],一切进行得很顺利,我也毕业了	4.学业上的成功	4.没有给出任何细节
5.社交方面很容易,我很受欢迎,是学校委员会的一员	5.学校里积极的社会活动	5.参与并为整个学校做出贡献
6.在中学我们也组织了一个无线电小组	6.积极参加学校的社会活动	6.提供了具体例子
7.我记得一些老师,但是他们并没有对我的生活产生什么影响	7.普通的老师	7.把学校的影响最小化

5.因为研究问题和组间区别有关,原有的类别已经不合适,所以一个诸类别的混合组列表出现了(表 6.2)。我们的目的并不是为每一个研究组创立同样的类别列表,而是研究从有微小区别的诸类别的列表中所呈现出来的每个组的特定内容总体。

表 6.2　研究组群像

分流组	综合组
中年	
1.好的老师以及他们对学生的付出	1.积极参与学校社会活动
2.社会问题——孤立和隔离	2.学生群体的异质性,以及它的综合性
3.高的学业成绩和成功水平	3.自由选择的感觉
4.班级认同	4.对学校的总体积极评价
5.对个体自我认同的不确定感	5.好朋友
6.受到体系的歧视和污蔑	6.好老师

续表

分流组	综合组
7.属于一个实验班级	7.把学校对自己生活的影响最小化
8.班级内部好的人际关系	8.个体自我认同问题
9.对学校的总体积极评价	9.作为一名普通学生
10.学生群体的异质性，以及"我"对它的适应能力	10.参加学校的政治活动
青年	
1.班级内部良好的人际关系	1.学校内部良好的人际关系
2.好的老师以及他们对学生的付出	2.好的老师以及他们对学生的付出
3.为学校感到自豪	3.自由选择的感觉
4.受到体系的歧视和污蔑	4.由学校纪律带来的冲突
5.作为一名学生的个体自我认同	5.对学校的总体积极评价
6.自我的独特性	6.为成功和属于这所学校而自豪
7.属于一个实验班级	7.在学习上投入有限努力
8.对学校的总体积极评价	8.对职业科目的积极评价
9.社会问题——孤立和一种自卑感	9.学校里好的社会活动
10.在学习上投入很多努力	10.成功地融入整个学校

6.在每一个研究组里，汇总每一个个体序列中各类别出现的次数（2,1,C）。最后，在这四个小组内，按照各类别出现的频率排出组内顺序，画出中学经历的小组群像。

两个例证

在提供有关四个研究组的结论之前，读者可以试着自己为萨拉和大卫编辑出主要句子序列，评价它们是积极的、消极的还是中立的，并归入相应的内容类别。困难必然会层出不穷，因此不同的程序阶段应该有更加明确的标准，而团队工作也可能会因此更加有效。

很容易观察到的是，在萨拉的生活故事中，中学经历占据很大篇幅，而大卫在这个主题上用词非常简洁④。这就很好地表明了分流中

---

④ 正如在第3章开始所提到的，萨拉和大卫的访谈记录文本都做了轻微的编辑改动。不过，它们都可以用在这里做例证。

学和综合中学毕业生的组间区别。表 6.1a 展示了内容分析的第一个步骤,使用了萨拉叙述中有关这个主题的一小部分。表 6.1b 则包括了大卫在访谈中提到的所有关于中学的叙述。

在表格左边一栏,萨拉的主要句子序列代表了她叙述中学经历的一个段落。第二栏表明这些句子所属的内容类别[5]。第三栏是一些诠释性的评论。大卫的叙述也用相似的方式表示出来,用的是他介绍自己中学经历的段落和后来他提到中学时仅有的两个附加句子。

中学经历的小组群像

本章接下来的部分会阐释如何运用内容分析法来比较研究组。我们的主要研究目的是,调查那些曾经在"精英中学"学习过的个体。这所中学采纳了一种实验性方法,把来自"下层"的学生分流出来,用一种特殊的补偿性教学计划进行教学(见第 2 章)。我们希望研究他们和那些在普通综合中学的同龄人,在分别毕业 24 年和 10 年之后,是否会留存着不同的记忆,以描绘出学校生活对他们人生的不同影响。从每一个研究组得出的小组群像为我们回答了这个问题。

表 6.2 显示了各组的简短概要:每个组仅仅用了 10 个最突出的类别,其中第一个类别是出现频率最高的,各类别的顺序建立在它们的出现频率高低之上。因为这 10 个类别是从 35 个类别中挑出的出现频率最高的,所以应该指出的是,即使其中出现频率最低的类别也是很常见的——在超过 1/3 的组员那里,它们至少出现过一次。

四个组的群像描绘了从访谈对象生活故事中浮现出的、关于中学经历的丰富多彩的画面。分析得出的一些结论(但不是全部)会在下文中介绍,包括它们的推导过程。读者可以在这里暂停一下,回过头来看一看第 2 章关于研究目的和选择研究样本的综合描述,试着形成自己对表 6.1a 和表 6.1b 所呈现结果的概括性结论。

结论可以单纯从某一个小组群像所呈现的确切内容类别中得出,也可以从这些内容类别在某一小组群像内与其他类别的比较排序中得

---

[5] 所提出的四个研究组的类别清单,请见表 6.2。

出。读者应该记住，就像上文所指出的，我们并没有刻意去为四个研究
组划分出同样的内容类别，诸类别列表中的些许变化正反映了文本中
所出现的细微差别。比如，在被分流青年组，有一个类别是"为学校自
豪"，而在综合青年组里我们发现的是"为成功和属于学校自豪"。这些
类别及其轻微的不同之处，对于理解毕业生的学校经历是非常有意义
的。因为一些类别在四个小组群像中都有出现（如，"对学校的总体积
极评价"），对其排序的检测就能揭示出它们在毕业生记忆里的相对显
著程度（如，"总体积极评价"在综合中学毕业生中的排序要高于在分流
中学毕业生中的）。几个类别是综合中学组概要中独有的，如"成功整
合"或"自由选择的感觉"，而另一些则为分流中学独有，如"受到歧视和
污蔑"。

由分析阐明的主要问题将在下面的部分里得到检验。不过在诠释
的过程中，从整体访谈生发出的额外信息，或者从那些没有进入小组群
像的较低频率类别中得到的信息，也会被用到。我们坚持认为，那种把
部分从整个生活故事里抽离出来、完全忽视整体情境而进行的内容分
析，会失去它的很多效力和意义。

对结果的讨论

上面所列的群像，记录了那些有过综合中学或分流中学经历的学
生的久远记忆和反思，那么，我们从中能得到些什么呢？

分流与综合⑥：社会性方面。很明显，分流计划下的毕业生，无论
中年还是青年，都描绘了一幅在一所精英学校里的少数群体的形象。
在这两幅组别群像中，社会性方面的问题都得到一个很高的序列位置；
孤立、隔离、歧视、污蔑和一种自卑感（中年组的类别 2 和类别 6，青年组
的类别 4 和类别 9）通常被归因于学生群体或者整个系统中多数人的消
极态度。有趣的是，学校为提升与充实下层学生而采取的措施，比如下

---

⑥ "分流"和"综合"两个术语在这一章反复被使用，但在以色列社会语境下，它们仅仅与在
学校里面依照家庭的社会经济地位做出的分离和整合有关，并不带有类似美国的种族差异的意味。
要了解更多以色列综合中学的教育政策背景，请见第 2 章，另外，请见（Lieblich，1995；Amia，1984）。

午课或额外辅导,经常被描述为歧视性行为。当积极的社会记忆被激发起来时,他们提到的是班级"内部"的友谊(青年组的类别 1),或者在种种障碍下克服学生集体的异质性(中年组的类别 10)。

综合学校毕业生的经历则完全不同,他们所提到的有关整个学校和整个班级的社会问题都是正面的(中年组的类别 1,2,5,10[7],青年组的类别 1,9,10)。因此我们认为综合与分流经历在社会性问题上的差异,通过小组群像被清楚地显示出来。

需要注意的是,在所有的群像中,中学的社会性方面(无论正面还是负面)在毕业生的记忆中都是非常突出的。这也许暗示了,尽管大多数学校的主要目的是教学和教育,它们对毕业生个人叙事的影响却反映出社会性领域的主导性。

学习经历。在审视群像中毕业生对学习经历的反思时,我们把目光聚焦在这样一些类别上,它们都与对教师、学习任务和自己作为一个学生的评价有关,并对之进行排序。在分流中学毕业生的两组访谈资料中,充满了好教师及其对学生积极投入的故事(中年组的类别 1,青年组的类别 2)。综合中学毕业生的青年组对教师也有同样高的评价(这个小组群像的类别 2),但是在中年组,"好教师"这个类别(没有特别提到他们的投入)仅仅排在第 6 位。而且,通常会在教师和学生之间造成紧张的"纪律冲突",仅在综合中学的青年毕业生小组群像中出现了一次(类别 4)。在那些没有进入小组群像的低频率类别中,"坏教师"或"无意义的教师"也只被综合中学毕业生提到一次——在表 6.1b 大卫的群像序列中出现的一个类别。总的来说,分流中学毕业生为他们的中学教师提供了一个更温馨、更积极,也更和谐的评价。

分流中学的两个毕业生小组群像都包括了对学业需求的言论:对中年组而言,张力存在于分流方案要求的高学术水平和自己获得成功的经历之间(类别 3);而对青年组毕业生来说,同样的问题也出现在

---

⑦ 类别 10"学校的政治运动"意指,归属于一个支持或反对以色列社会主要政治问题的青年组织,参与游行示威、签署请愿书等。因此这可以被算作发生在学校内部的社会活动。

他们对身处此方案下需要付出多少努力的回想中（类别 10）。相比较
而言，综合中学毕业生有关这方面的画面则有非常明显的不同。中年
组群像包括了作为普通学生的言论（类别 9），青年组则谈到在学习上
投入有限的努力（类别 7），这两个例证都在表 6.1b 大卫的群像序列
中。另一方面，综合中学毕业生都回忆起学科选择的自由性（两个小
组群像的类别 3），这个是在分流方案下毕业生的记忆中看不到的。
只有综合中学毕业生提到了他们对学校提供的职业课程（如，电子
学）的积极评价。因此我们可以得出结论说，综合中学的学习计划在
毕业生的记忆中具有更大的选择自由度，对学生的要求较少，而分流
中学的学习计划则被描述为更加有限制性，但同时也更有挑战性。

就此范围来说，我们可以了解到，综合中学的毕业生更满意的是
所在中学的社会气氛，而分流中学毕业生则更加强调对学业因素的满
意度。

对学习经历的总体评价。许多访谈对象都自发提供了对自己中
学的总体评价，这些评价大都是正面的，但是，这个类别在综合中学毕
业生组群像中的排序，要高于在分流中学组的排序（分流组的类别 9
和类别 8，综合组的类别 4 和类别 5）。一个相似的内容类别表达了对
中学的自豪感，这也显示在青年组群像中，但是其内涵有轻微的差异。
尽管分流中学的毕业生普遍表达了他们对中学的自豪感，因为那是
"市镇里最好的中学"，但并没有直接提到自己是作为其中的一部分；
而来自综合中学的访谈对象则谈到让他们自豪的两个方面——自己
在学业上的成功和自己归属于这所学校。

对任何一个研究组而言，负面的总体评价都非常少，因此不能被
包括进那 10 个高频率出现的类别中。不过，"把中学对人生的影响最
小化"（类别 7），在综合学校的中年毕业生组中可以看到。这个类别
给人的感觉就是，对一个中年人来说，虽然还保留着对学校的美好记
忆，但这段经历似乎并没有为个人发展和成就做出多大贡献。这个概
念在其余群像里完全没有出现，也和分流方案下毕业生所叙述的故事
有明显冲突，对他们来说，即使学校是困难重重和充满痛苦的，也依然

把它描述为对自己的生活有着具体的影响。整部生活故事上下文之间的前后联系，和每个类别在全部类别中所处的位置一样，都极大地影响着我们对内容分析结果的理解。

个人和集体的自我认同问题。在对上面三个主题（社会关系、学习和总体评价）的内容类别讨论中，已经提到了总结在表 6.2 中的大多数信息[⑧]。仅剩 7 个类别仍需要讨论，它们都是关于个人和集体自我认同的——这是青少年期的显著问题（Erikson，1968）。这些类别通常和学校经历没有直接联系，而是和相对于整个班级或者整个学校而言的自我有关。

尽管自我认同问题似乎对所有的青少年而言都普遍存在，但它们在分流中学毕业生的生活故事中出现的频率（中年组的类别 4，5，7，青年组的类别 5，6，7）要高于综合中学（中年组的类别 8，青年组则没有）。这个发现可以用许多方式解释。"补偿性教学"方案的不同方面（如，小规模班级、师生关系的高密度比、远离个体的原初环境）可能已经导致了学生能更加意识到自己的身份危机，更好内省或具有反思性。而且，如果学生感觉到或者被告知自己参加的是一个"实验项目"（两个分流组都是类别 7），他们和许多"他们这一类的"（中年分流组的类别 4）学生被集中到一间特殊的教室，这就自然会导致他们把自己与其他普通班的学生进行比较，产生"少数群体"或者"下层人"的自我认同感。这是萨拉关于她中学经历的叙述中很突出的一个方面。许多其他曾经属于分流中学的访谈对象都表达了自己对身处实验项目的负面感受，并努力宣称自己的独特性（青年分流组的类别 6）。作为个体和学校系统之间对抗的结果，许多人对他们的"真正"身份保持怀疑态度（中年分流组的类别 5）。这些问题在综合中学毕业生那里几乎是完全没有的，显示了它们也许不是其中学记忆的一个重要部分。

---

⑧　在这里极力推荐，给内容分析的不同任务标上不同颜色的标记。比如，我用一种不同的颜色标出每一个内容类别的主题。

发现结果概要

对那些曾在分流方案下学习的人来说,中学记忆在其生活故事中占据的分量要更大一些。通过对访谈资料进行内容分析,揭示了两个组别的研究参与者在看待学校的人际关系、学业现实和自我认同方面,有着意义深远的差异。对中学经历的整体积极评价在综合中学毕业生中更常见一些。这就强化了我们把所有主要句子简单分成积极的、消极的或中立的三类所得到的发现:按照这个分类标准,综合中学毕业生的叙述,比起分流中学毕业生来说要稍微积极一些,也更少中立色彩。换句话说,分流中学毕业生的客观人生成就(它们看似一样卓越非凡[9])是以一种不太充实的社会经历或者是一种对自己身份的持久怀疑为代价的。

总体结论

上述关于中学记忆对四组成人影响的分析提供了一个例证:内容分析如何得以进行及可能会得出哪一种推论。与某个特殊研究问题有关的选择子文本的各个阶段,如界定内容类别、把相应言论归入这些类别、按照其出现频率进行排序,都得到了描述和实际展示。尽管程序看上去可能相当清楚和准确,但还有许多问题必须处理,尤其在内容类别的选择、归类和计算等方面。每一个决定都应该建立在对研究目的和不同选项的可行性的仔细考虑之上。

聚焦于一个"类别的"而不是"整体的"角度意味着,把生活故事的各部分从整体中析取出来,而不考虑它的上下文要素。这也许很成问题,当我们提出诠释时,也应该试着把整体的和上下文的诸要素都考虑进来。

同样,在我们仅注意"内容"而不是"形式"时,也可能会失掉一个

---

⑨ 客观成就的比较不在本章的讨论范围之内(Lieblich, Tuval, & Zilber, 1995,用希伯来文撰写)。应该指出的是,这个问题的最终结论仍是富有争议的,因为并没有清晰的证据表明,学生进入不同的中学时已经达到了同样的水平。

重要的信息来源。上面所阐释的分析中,有时为了得出结论,需要从言论的长度、细节、强度和感情色调上取得额外的支持,例如,当毕业于分流中学的学生谈到他们的被分流经历或者对教师的积极评价时,"形式"方面的信息显得格外重要,这一点在萨拉的生活故事和表6.1a的简短句子序列中可以察觉到。这就暴露了内容分析法在传达叙事资料的丰富性和深度方面的短处,你不得不把一些额外的信息考虑进来⑩。

成年人和他们的家庭:里弗卡·图沃-玛沙奇

下面这一部分将展示我们的研究中对内容分析法的另一个例证,其聚焦点是访谈对象和他们的家庭。按照这个内容标准,我们从内容总体中选择出相关部分组成了这个分析单元。前面提到的有关中学经历的例证通常都集中于访谈对象对其青春期的叙述,但形成这部分子文本的言论是从整个文稿里收集的,而不是从说者生活故事的某个特定阶段或时期。而且,这次的内容分析与前面所做的内容分析的区别在于:第一,其目的是,形成一个内容总体的描述而非组间比较;第二,它比起前面的例子在诠释上更感性、更少量化一些。

为了理解主导这次分析的研究问题,有必要先做一个简短介绍。本研究的所有参与者,都属于以色列社会中一个高度流动性的文化亚群体。几乎所有的人都出生于从伊斯兰国家移民来的家庭,这些新移民在 20 世纪 50 年代的早期就来到了以色列,而他们最初的社会经济地位很低。作为普遍的社会和经济流动的结果,以及这些亚群体的个人原因,在移民 40 年后,这些家庭的后代比他们的父母一辈,明显升至了较高的阶层。有几个研究(如 Lissak,1984)已经在第一代和第二

---

⑩ 对口头或书面叙事情感方面的深入分析,请见第 7 章的第二部分。

代移民之间,通过教育、职业和收入水平几方面的比较证实了这种流动性[11]。同时,以色列社会对家庭给予高度重视,代际间的情感与地缘亲密性也非常普遍(Peres & Katz,1991)。

由于对访谈对象所凸显的流动性非常感兴趣,我把研究问题聚焦在他们的原生家庭在其生活故事中所占的位置(地位)上,以此探求他们对其原生家庭、父母和成长环境的态度。此外,我对探求如下一些问题也有兴趣:说者的自我形象和人生变迁经历是如何与他们对自己家庭的觉知联系起来的? 他们认为自己是维持还是中断了父母的生活方式,对此又是什么感觉?

为了研究这些问题,对 36 个中年组(42 岁)研究参与者的完整访谈进行了内容分析。

分析的第一个阶段是阅读整个文稿以标出子文本,也即,标出说者提到的所有有关他或她父母及家庭的部分。这些言论不止出现在童年记忆的叙述中,整个访谈过程中都可以看到。它们在生活故事里很自然地显现,同时也是为了回应每个阶段都要被问到的导向性问题:"在这个阶段对你有重要影响的人是谁(见第 2 章)。"

内容类别的界定来自与文本的持续诠释性对话,本章接下来的部分会示例这个过程。我开始时采纳了概念分析法,用以分析"个体—家庭关系",并形成了两个主要的类别:对父母的觉知,维持还是改变。对每一个类别而言,我都分出了好几个子类别。不过在分析的过程中,尽管两个主要类别确实有助于我的分析,但是,阅读子文本又导致了对先前构想的子类别的两种改变和完善:我原本希望发现的一些类别在文稿里并没有被提及,而另一些没有预料到的却出现了。比如,我原本期望能发现一些关于叙述者和他们父母之间维持度的直接陈述,像"在这个方面我努力做到我父母曾做的那样"。但它们在文稿里几乎完全没有出现。另一方面,最初我并没有把家族史作为一个可能的持续性指标,但是它却从文本里浮现出来。表 6.3 展示了最后

---

[11] 这对大部分以色列人来说是符合的,除了社会经济地位最低的那一小部分人,他们因为极度贫穷或缺乏父母关爱,找不到任何向他们的后代敞开的教育渠道。

表 6.3 "成年人及他或她的家庭"内容类别

对父母的觉知	维持 vs 改变
问题	父母对说者教育的投入
区别	除父母之外的重要人物
动态	说者与其兄弟姐妹的相似处
	家族史或家谱
	说者与他或她的孩子——态度、投入

被选择用以探究研究问题的内容类别。

为了进行分析,子文本的所有表达都被分成"对父母的觉知"和"维持⑫"两个主要类别,并如下所述得到进一步检验。

对父母的觉知

这个宽泛的类别包括从文本里浮现出来的三个子类别,它们是:

- 问题:当谈论他或她的父母时,说者提到的主题;
- 区别:提到自己的父母或其中的一位;
- 动态:通过说者的评价,可以觉察到的在不同时期对其父母的觉知的变化。

方 法

仔细阅读所有有关对父母觉知的言论,列出由"父母"引发的主题并进行考察。对同一言论再从其反映的区别和动态变化方面做进一步检验。

主要发现

问题。说者提到的几个主要问题有:父母的教育性影响,叙述者

---

⑫ 很自然地,在对父母的觉知和延续感之间存在一些有意识或无意识的关系,尽管这通常不是一个简单的问题。

对父母思想状况的感觉,叙述者与父母之间的支配关系。在人生的不同阶段中,这些问题的显著程度都有变化。

父母的教育性影响以及他们是如何强迫叙述者去学习的,是童年时期对父母觉知的最突出主题。父母,尤其是父亲,都是被描述为,殷切期望看到自己的孩子在学习上有进步和获得成功。即便是那些身为文盲的父母,虽然不能在学业上帮助孩子,也仍然设法向他们灌输好好学习的极端重要性。

访谈对象所提到第二个主题是,父母对他们的感情和物质投入,以及与之而来的他们对父母的感觉。尽管大多数访谈对象都在这个方面赞扬了自己的父母,但在社会与文化层面上,他们对父母的看法却不总是积极的。有几个访谈对象回忆道,当初自己因为移民父母的贫穷或者"原始简单的思想"而感到耻辱。两个叙述者提到为自己的母亲"经常怀孕"而感到羞愧。另一些人则批评父母对其行为的限制和约束,他们认为那些都是过时的老传统了。

当叙述者谈到青春期时,对父母的觉知开始变化,变得中性或者消极起来。升到中学(往往是到家庭所在地以外的邻区去)是经历了一次文化变迁。暴露到一个崭新的文化环境下,使得说者有可能观察和反思自己的养育地和家庭传统。他们开始意识到自己和其他中学同学之间的社会—经济差距和种族差异⑬。下面一段简短的对话表明了这种变迁:

> 杰克:就是在那里[中学]开始了所有的一切。古典音乐……
>
> 访谈者:你认为你在那里就很好地掌握了它吗?
>
> 杰克:当然,绝对的。虽然直到后来我在大学里修了一些音乐鉴赏课,才又发展了它,但这没有什么关系,它必须有个开始。它就始于我乐意去面对新事物,去克服它。即使那并不属于你,

---

⑬　在以色列,"种族差异"是一个被用来描述家族文化—地域起源的术语。在德系犹太人和西班牙系犹太人之间的主要区别是,德系犹太人起源于欧洲或美洲的基督教国家,西班牙系犹太人则来自北非和中东的伊斯兰国家。

而是属于另外一种文化。

对另外一些访谈对象来说,选择某所中学通常是与父母一起商讨决定,尽量避免学校文化(氛围)与家庭环境之间的差距。比如其中的一个访谈对象,本(Ben),这样解释:

> 我是一名优秀生,本来应该去 X 中学的,但那时我感觉 X 中学学生的社会群体似乎离我自己很遥远。我明白在德系犹太人(Ashkenazic)和西班牙系犹太人(Sephardic)⑭之间、富人和穷人之间有着很大的区别,在全是社会和经济精英的学校里学习,对我来说是非常困难的事情。所以我宁愿到一个社会交往比较简单的学校去,在那里才会有和我一样的朋友。

很多访谈对象都透露了自己在青春期和父母之间的矛盾,萨拉的生活故事在这方面却是个例外。她说:

> 我认为这是一个和个人性格有关的问题。我几乎没有什么[冲突矛盾],因为我天性乖巧。我也不是那种出了门然后就不见了的人。他们都很信任我,我从来没有做什么过火的事情——集会结束了,我们会散散步闲逛一会儿,要么我就回家。他们相信我,我几乎从来没有和他们起过争执,确实没有。

当谈到目前成人期和中年期的事务时,研究的参与者们对父母的觉知都聚焦在支配关系的变化上——与自己相比,父母变成了弱势一方。持着中年人所具有的反思和内省精神(Gould,1978;Neugarten,1968),一些说者提出了他们的品质和价值观的来源问题,反思自我的哪些个性部分的确是"遗传"自父母,或者受到了父母的影响。

区别。属于这个类别的言论大都来自我们的访谈问题,也即,在说者人生的不同阶段有重要影响的人物是谁。这个问题的答案向我们提供了非常有用的信息,运用这些信息可以比较个人生活故事,比较其人生的各阶段,也可以在不同个体之间进行比较。

---

⑭　所提出的四个研究组的类别清单,请见表 6.2。

父母通常被选为"重要的人物"，尤其是在人生的早期阶段。不过他们对形容词"重要的"有很多不同的诠释方式，有一些访谈对象把"重要的"和"支配的"等同起来；有些人在父母间做出区分，分成重要的、认同的或"长得像或者性格像"的；另一些则区分出"正面的"和"负面的"重要性（如，那些不友善或排斥他们的人）。不过最常见的是，把"重要的"诠释为，或者是情感上的滋养、慈爱和耐心，或者是一种家庭中的支配性权威，在儿女教育问题上有着更多的介入⑮。

对那些选择父母为童年期重要人物的访谈对象，分析发现，在数量方面选择母亲还是选择父亲，这之间的差别非常小（母亲被选择了13次，父亲是11次）。不过当父亲被选择出来的时候，是因为他们在推动访谈对象学习和前进途中的权威与影响，而选择母亲则是出于她们的温暖、关爱和创造了一个温馨的家庭氛围。非常有意思的是，甚至那些母亲是职业女性的访谈对象，也都倾向于选择他们的父亲作为对其个人发展起更重要作用的人。

动态。我们可以看到，在叙述者不同的人生阶段会出现不同的内容类别。很显然，对父母的觉知在文本中也是动态的，它随着人生阶段的不同而变化着。因为叙述者在谈到父母时就是做了评价，所以可以把这个变量想象成一条 U 形曲线：童年期描述了良好和重要的关系，青春期在关系的质上开始下降⑯，一种重建的亲密关系或者更和谐、更完整的觉知则是成人后（从青年期到现在）的特征。

从这种发展性角度看有两个特殊要点：

- 许多访谈对象都描述了目前生活中的这样一种变化：自己开始或为父母的赡养者，父母的身体渐弱，疾病缠身，需要自己的帮助。这是与对日益年迈父母的觉知的变化相平行的。
- 尽管 U 形曲线模式在访谈对象中最为典型，但也有一小部分

---

⑮ 这个区别与贝尔斯（Bales，1958）提出的著名的两种领导类型——"工作任务型"和"社会情感型"——之间的差异非常相似。

⑯ 这种模式类似于在西方社会普遍存在的一种说法：青少年期是一段反抗父母权威的年龄阶段，与此同时，同辈群体的影响逐步上升（Erikson，1959）。

生活故事可以被描绘成一个从负面觉知到正面觉知的"和缓上升的轨线"。这些故事描述了冷漠、受忽视的童年,甚至是一个受到家长体罚的孩子,后来,情况慢慢好转,轨线逐渐上升,直到目前这种亲密、接纳和理解的状态。

现阶段之所以对父母抱有正面的觉知,通常是因为说者自己亦为人父母,从而更能体会和倍加感激在过去的艰难境况下,他或她的父母为自己所做的努力。亚历克斯的一番话能证明这一点:

> 现在我有了自己的孩子,从而能更好地理解我的父母了。我开始明白他们的良苦用心,不仅是理解了我的父母,还有天下所有的父母——父母与孩子的关系,那种担心忧虑,对忠告的需要……一旦你有了孩子,你就会更加感激你的父母。这[这么晚才明白这一点]让我感到很难过。

维 持 与 改 变

"成人—父母"领域的第二个大类别,涉及反映在叙事中的对父母传统和生活方式的维持程度。这个概念的操作性定义来得并不简单,因为几乎没有哪一个研究参与者在他或她的生活故事里直接提到这个主题,全部索引都是间接推断出的。因此,这部分关于维持与改变的分析,可以为在定性内容分析中运用更复杂的类别提供一个例子。此时,"诠释"成为中心,也需要一种更精细的方法处理文本。

应该再次强调一下,客观地说,在职业、收入、家庭规模等方面,研究参与者和他们的父母之间有着明显区别[17]。因此,接下来的内容分析仅仅包括持续性行为的主观体验。在任何情况下,持续性都不应该被非此即彼地界定,要么明显地继续下去,要么明显中断,而应该是一个包含几个指标或子类别的连续体。可供选择的方案是,个体可能拥有一个建立在每一个指标得分之上的"维持面相(continuity

---

[17] 从他们和他们父母之间教育和职业比较的角度反映叙述者客观变化的信息,都总结在一份用希伯来文撰写的研究报告里(Lieblich,Tuval,& Zilber,1995)。

profile）"。

因为从资料中没有发现有关这个类别的直接提法，在仔细阅读子文本后，我选择了如下几个子类别：

- 父母对说者的教育贡献。访谈对象把自己的目前状况归因于父母的投入，是有关维持这一宽泛类别的最直接提法。一般而言，访谈中提得越频繁，维持度就越大。

- 对父母之外的"重要人物"的提及。这显示了在那些父母的投入不够的领域，是别人给说者提供了关心或帮助。一般而言，这个提法越频繁，维持度就越小。

- 与他或她的兄弟姐妹之间的相似之处。相似或者不像可以从天分、学习和成绩、被爱和被关心、和父母的亲近、目前的生活方式等一些方面来谈论。大体上，相似处越多，维持度就越大。

- 家族史或家谱。通过访谈可以揭露多少关于家族血脉的信息？揭露得越多，维持度就越大。

- 说者和他们的孩子（特别是，他们对孩子的态度和期望，与童年记忆中父母对自己的态度和期望之间的相似性）。这可以再进一步划分为对孩子的态度和期望及对其生活的积极介入。大体来说，相似性越大，维持度越高。

阅读及其过程

在阅读所选择出的子文本时，我努力寻找显示上面界定的五个类别的蛛丝马迹。按照相关言论在叙事中出现的次数，我给每一个子类别从 0~5 打了分值（第二个子类别的分值是逆向的）。当相关言论出现 5 次或更多时就打 5 分。因此这个类别的总分就在 0~25 之间。最后，把这些得分平均一下，那么最高的维持度分值就是 5。较低的分值就表示一种较低水平的维持度，或者访谈对象生命故事中一种较大幅度的变化。很显然，这些判断是非常复杂的，需要认真谨慎地考虑，下文将会给出示例说明。判断过程可能包括不止一个裁判，但就如同本案例所显示的，也能由单独一个"专家"执行，这个"专家"通过从各种明确的角度重读文本和不断改进对主题的理解,积累了经验。

结 果

总体上,内容分析的量化过程产生了下面的分类:

高维持度(4分或者5分):15名参与者

中等维持度(3分):7名参与者

低维持度(1分或者2分):12名参与者

因为极少的信息而没有得分:2名参与者

根据研究样本的高流动性和对其父母生活方式的低客观维持度,我们可以得出结论,经验层面的维持性非常高,各生活故事都揭示了这一点。

让我们进一步从定性的角度考察这些子类别,也即是,审视并考察在阅读过程中出现的细节性内容和那些额外的、意料之外的发现。

父母对说者的教育的贡献。尽管客观事实是,他们已经达到了一个高得多的教育水平,许多访谈对象还是都倾向于认为,自己在教育领域是延续了父母的传统。这种延续的感觉建立在两个原因之上:

(1)通过接受教育,说者实现了父母的期望。

> 你必须明白,我是家里第一个上中学的儿子。不仅是[我那个小家庭的]第一个儿子,还是在一个更广意义上的[第一个]。也许这就是为什么他们有那么多期望的原因,我不知道……真的,我的家庭对我有很多期望。(史蒂夫)

(2)父母的一方(通常是父亲)被描述为拥有一种高的、但未实现的接受进一步教育的潜能。因此说者和父母之间可觉察的差距被缩小了,就像萨拉的例子:"我的父亲在数学演算上很有天赋,而且他有着事实和图形方面的惊人记忆力,我可以问他任何事情,他都能立刻回答出来。"

对自己父母之外的"重要人物"的提及。如上所示,大多数访谈对象都提到父母是自己童年时期的重要人物,但也有一些访谈对象选

择了别的人来承担这个角色。最常见的选择如下:

（1）幼儿园或小学的教师,尤其是说者在家庭之外遇到的第一位教师。在这种情况下,所选择的人物被视作一种行为榜样。

（2）祖母（相对而言,祖父要较少一些）,因为她们的关爱和养育（如,萨拉的生活故事）而被选择出来,尤其是当母亲在外工作时。不过这个角色被选为"重要他人"时,对它的解释并没有脱离家庭纽带。

有几个访谈对象选择朋友或同伴群体作为早期儿童时代的重要人物,他们都是来自贫穷家庭。在这几个案例中,好朋友似乎弥补了家庭内部正面榜样的缺席。比如:"我不认为有什么非常重要的人,也许是我的朋友们吧,我们就是彼此相似的一群人,和父母没有关系。父母就在那里,他们做他们能做的事情,但是那非常有限。"(伊恩斯特)

与兄弟姐妹之间的相似处。个体与他或她家庭背景之间的断裂,有时通过表现自我在性格、成就或与父母的关系上,非常有别于其他兄弟姐妹而显示出来。不是所有的访谈对象都在生活故事里提供了这种信息。不过对自我在家庭中独一无二性的描述,在很多案例中都非常明显,像萨拉把自己描述成"第一个孩子",还有其他访谈对象的类似说明,如"家里仅有的一个男孩或者最小的孩子"。这种独特性本身并不会显示非延续性,我们要看的是字里行间所透露的意义。最切题的是这样一些例子(有8个人),里面的主人公把自己描述为,家里唯一一个获得中学毕业证或接受大学教育的人。

家族史或家谱。许多访谈对象提供了自己的家族史,尽管实际上并没有被要求这么做。他们大多来自移民家庭,其家族史就与另一个国家和文化的生活有关。通过谈论移民前的家族史,他们经常暗示,在原来的国家里,自己的家庭境况更富足一些,也比在以色列得到更多的社会尊重。而且,不少访谈对象谈到了,其父母是如何反抗自己父母的故事,这似乎铸造了变化链条中的第一环。通过这种方式,说者为他们人生中的非延续性选择提供了间接理由。在任何情况下,把家族史放到生活故事中,对于证明个人延续感的维持都是非常重要的,尽管其人生经历发生了改变。

说者和他或她的孩子。(1)态度和期望。这个类别组的所有参与者都已经为人父母,他们通过比较当年的自己和自己的孩子,透露了自我的一些特征。这往往发生在,当他们描述自己孩子的经历时,同时也点明,它是如何有别于自己记忆中的童年时代,这一点可以划归到显示非连续性的类别中。下面访谈者和杰克之间的一段对话向我们提供了一个显著的例子:

> 杰克:但是看到他(杰克的儿子)有所归属还是很愉快的。
>
> 访谈者:归属什么?
>
> 杰克:归属某些东西,那些一直伴随他以后生活的、不会扰乱他的生活的……那就是他的,他的过去和他的未来……那是对他有好处的。有所归属是一件非常重要的事情。

这里的"归属"是说者自己从来没有感觉到的东西,因为在他的童年和青春期,他所感觉到的只是对周围环境的疏离,没有依靠,就像"一株植物,拼命扎根到泥土里去,但是你知道,你看看,现在我仍然还没有找到生长的根基"。

在其他的个案中,这种对比则揭示了一种延续感,尤其当现在的父母认为自己是在推动孩子的进步时,就像当年自己的父母所做的一样:

> 我记得父亲都是在早上6点叫醒我,让我练习音乐,真是很折磨人的,我经常哭闹叫嚷,憎恨得不行。现在,我把这些又强加在我的孩子身上[在他们的体育训练中]……我的确受了这种方法的影响。(伊恩斯特)

较少的一些研究参与者提到了一种相反的倾向,描述自己是给了孩子更多的选择自由:

> 我从不要求他们做他们不想做的事情……我也不认为自己是个什么教育家。(麦克)

有一些访谈对象仍然记得自己童年时期的情绪和情节,而这些帮助了他们去理解自己的孩子,就像大卫的例子:

> 但是很自然有时也会感到非常消沉,非常……现在我有了自己的孩子,把这些看得都很平常,每一个人都要经历这种紧要关头。不知何故,我记得这些心情,不过我想这在我对待自己孩子的时候很有用。

(2)父母的投入。在大部分生活故事里,访谈对象都表明,比起他们父母所愿意做的或所能做的,自己更加投入和更积极地参与到了自己孩子的生活中。男性提到这一点的频率要高一些,在他们的记忆里,家里的男性榜样——他们的父亲,是在家庭事务中缺席的,几乎从不参与家庭的日常生活。研究中的男性参与者差不多也是忙于自己的工作,但他们仍然把对孩子生活的实际投入描述为非常重要的因素,正如大卫所说的:"我总是他们电话求助的对象,我为他们做饭,爱护他们,和他们一起玩耍。"

维持类型

在阅读诠释与维持和改变主题有关的文本部分的过程中,出现了资料的另一个特征。按照他们在生活故事里显示的维持类型,似乎可以把叙述者划分成五个不同的组别,如下所示:

有意维持(intentional continuity)。阅读这个成员组的生活故事揭示出,他们是有意识地选择了维持家庭传统,这一点通过他们在职业、宗教信仰、居住地等方面的决定,与其父母相似或接近而显示出来。这和模式在整个研究组里很少见,仅仅包括三名男性,他们都是来自相对富裕的家庭。

非蓄意维持(unintentional continuity)。这个组别的成员宣称自己力图有别于自己的父母,但实际上他们的生活故事却揭露了更多的相似性。有三名男性属于这个类型。

没有被意识到的维持(continuing without awareness)。在整个访

谈过程中,这个类别组的人并没有提到任何维持家庭传统的信息。但是,他们的生活故事却揭示了在很多领域内的延续性。大多数访谈对象,包括萨拉,都属于这个类别。

革命(revolutionaries)。这个小组的人宣称他们的意图是打破家庭传统,他们的生活故事反映了这种选择。有三个人可以放在这个小组内。

自我成就的个体(self-made individuals)。有两位访谈对象把他们的发展和选择都归因于自己。这两位访谈对象的父母在其生活故事或不同人生阶段的重要人物中都很少出现。其中一个访谈对象就是大卫,他这样谈论自己的童年:"当我遇到问题时,宁愿自己去处理它们,而不是去和我的家庭一起分享。"

发 现 小 结

本章的这一部分探究了两个大的类别,以评价访谈对象的显著的流动性与其家庭血脉之间的关系。研究分析揭示了,尽管与父母之间有了很大的客观差异,访谈对象对其家族血统的觉知主要还是持认可、赞许态度的,尤其是在目前的情况下。他们的生活选择和价值观与其家族血脉间的维持度非常高。研究者经过了一个非常复杂的诠释性内容分析过程,才最终得出这些结论。其中,子类别的选择、它们在诠释性框架内的定义,及其在理解访谈对象如何呈现自我中的作用,证实了内容分析过程可能达到的玄奥和复杂程度。

结　语

下面的三个主要问题维度或选择,可以阐明本章所提供的两种内容分析法之间的对比,它们都和客观—主观连续体有关:

1.研究者是否要运用叙述者言论的一种清晰界定的子文本,或者,她是否要从上下文语境和非语言表达的部分进行推论,是否要从一个部分相对于另一个(或几个)部分的比较位置出发进行推论?

2.把资料划归入不同类别的过程中,有多少诠释性的或大致印象式的工作发生?

3.分析单元是以量化的方式进行,还是以一种更自由、更多描述性的方式进行?

虽然就像本章第一部分所展示的,更精确或更客观的内容分析法比较容易报告、复制和给予批评,我们也表明了,这个过程的许多决定经常也是很随意的。方法的主观性、诠释性越强,越需要更多的训练去学习运用和为之辩护。不过,就像科学探索的其他非实证方法一样,它同样也能在生活和经验领域的理解上走得更远。

第 7 章

类别—形式分析

这一章将用两个例子来展示如何运用类别—形式分析检测口头叙事。本分析的目的是，获悉某些有关叙述者的信息，这些信息仅凭借内容分析可能无法揭示出来。本章的开始提供了一个详细的例子，说明认知机能是如何得以反映在口头叙事之中的。第二个更简洁些的类别—形式分析例子则展示了叙述者在述说其生活故事中的重要事件时所反映出的情感因素。

分析叙事资料所反映的认知机能：塔玛·奇尔波

在接下来的分析里，我将从卡尔·弗兰肯斯坦的概念框架所界定的认知能力出发，探讨两性之间的区别①。我会与你们分享：我作为一个研究者，在努力建构一种新的研究工具时的思考过程。

假　设

通过生活故事分析来研究认知机能预示了这样一个假设，展示生活故事的方式反映了思考过程。已有的研究利用自发的口头语言分析认知类型（如，Gottschalk，1994）或者决策过程（如，Tetlock，1991）。不过本次研究建基于弗兰肯斯坦的研究工作之上，而且由他启动的教育项目正是我们最初研究的主题（见第 2 章）。在他的著作《让思维摆脱束缚》（*Liberating Thinking From Its Bondages*）（1972）和《他们再

① 在这个研究计划（见第 2 章）中收集了目前使用的所有资料，并在每一个年龄组里，对特殊学习项目下的毕业生和普通中学的毕业生进行了比较，然后将会在男性与女性之间进行比较。

一次思考》(*They Think Again*)(1981)中，弗兰肯斯坦展示了详细的分析资料，这些资料皆来自遵照他的补偿性教学方法教授的课程。学生的口头和/或书面资料的摘录显示了，他们的思维在某些方面有了缺陷，而另一方面，他们又通过接受补偿性教学获得了新的认知能力。同样地，弗兰肯斯坦工作的重点是思维过程而非思维内容。

　　考虑到弗兰肯斯坦的主张，有效思维或欠缺性思维在所有生活领域都有显现，因此能合理假定，有效思维和缺陷思维可通过述说生活故事的方式反映出来。不过值得注意的是，有效思维不能组成认知能力的全部领域，因此，本次分析关于认知机能的结论也不能被推广到所有的认知过程。生活故事的叙述特别突出了思维的这些方面，如口头的、与自我有关的、受情绪支配的和发生在个体间交流情境下的。

认知机能：理论框架

　　与"有效思维"的特征相对(Frankenstein，1981)，弗兰肯斯坦详细列出了以次级延迟为特征的四种"缺陷思维"类型(Frankenstein，1970b，1972，1981)：

非理性思维(irrational thinking)

- 以不能控制的联想和情绪为特征的思维模式；
- 偏好具体而非抽象(偏好例子而非概括和规则，偏好特殊概念而非一般概念，凭借具体的表现识别价值，把外部表象等同于内在本质)；
- 偏爱具体的符号甚于概念。

不恰当的分化(inadequate differentiation)

- 无力运用类推，不能记住事件的"好像"特征或区分类推和现实；
- 非此即彼式二分法；
- 运用一些模式化框架和没有理解充分的科学术语。

疏于承担思考与学习行为的责任

- 被动依赖权威（比如教师或书本）。

不能保持同时性感知（simultaneous perceptions）

- 不能在同时觉察一个问题、一项任务或一种现象的几个方面；
- 不能跟上同时发生的两个或多个指示。

每一个缺陷思维类别都有一种相反的能力，分别表现了有效思维的特征。因此有效思维主要是理性的、有辨别力的、负责的、能保持同时性感知的。

因为篇幅所限，接下来的部分仅阐释有效思维的前三种类型。

资　料

本章所呈现的分析，建立在 12 名男女青年组研究样本的生活故事基础之上。尽管萨拉和大卫的访谈没有包括在上述样本之中，但为了展示论证，我会用到它们。随着工作的开展，由于分析的精确性和对细节的强调，12 份访谈的分析工作很显然将是非常冗长和难以操控的。因此我决定把自己限制在生活故事的第一个阶段。我的假设是，认知机能在生活故事的任何既定部分都能被很好地反映出来。

正如第 2 章所提示的，研究参与者被要求把他们的生活从出生至今划分成几个阶段。为了保持时间框架的连续性，我决定致力于研究他们关于人生最初 12 年或 13 年的叙述，很多访谈对象都把这一段时间划为人生的一个或两个阶段。这个决定反映了研究者对客观（有点武断的）标准的一种偏好，但它或多或少也符合受访者本人所提供的主观性阶段划分。

访谈对象在叙述的过程中，针对其每个人生阶段，访谈者询问了四个同样的问题（见第 2 章）。此过程的结构性本质确保了诸访谈之间有某些相似点，尤其是在它们的内容类别之间。然而不可避免的是，各个访谈者在问题的架构、访谈的操控，以及追随程序化的访谈指导方针到什么程度这些方面，是有很大差异的。这种差异性将会影响访谈对象，也自然造成了他们的访谈反应可能各不相同。很显然，这种情境化的差异也会反映在我的分析结果中。

资料分析：操作过程

评定有效思维和缺陷思维的标准，是通过弗兰肯斯坦的理论框架和故事本身之间的辩证过程发展起来的。起初，我凭借纯粹直觉试着把弗兰肯斯坦的解释和例证（Frankenstein，1970a，1970b，1972，1981）转化成能准确应用到生活故事文本中的相关衡量标准。然后回到故事本身，对照手头的资料检验这些标准，运用我的理解和所知修正润色它们，然后再回到文本。这是一个冗长的过程，需要对访谈资料进行无数次反复阅读。只有当某种衡量标准能被清晰界定和适合于任何一个文本案例时，才能说它是有用的。这种个人的内部对话（我本来应该在集体环境下进行这个过程）最终产生了与标准化和量化问题相一致并且能被顺利实施的工具。从弗兰肯斯坦的理论到访谈资料，再到建基于两者之上的衡量标准的创造，这种循环运动让人联想到扎根理论（Glaser & Strauss，1967）的发展过程。

理性思维的评定

按照弗兰肯斯坦的理论，理性思维反映了一种抽象和/或符号概括的能力，它不受那些无法控制和毫无限制的联想的影响，而非理性思维则反映在对具体和特殊例子的偏爱上。我选择通过专门寻找与具体思维相对立的抽象性用语来评定理性思维。如果一个明确陈述能引出以下的问题"你能给我举一个例子吗"，那它就显示了一种高度的抽象性，而如果一个陈述引出了这样的问题"访谈对象试图告诉我的是什么呢"，那它就非常具体了。下面的两份摘录可以帮助我们更好地理解这一点。

萨拉在描述她小妹妹的夭折时，说"那个时候的确就是，呃……我问了很多的问题"。她这里的言论就是完全抽象的，让我非常渴望

获悉其具体的细节,也即是,"她究竟问了什么问题呢?"而当她描述全家的搬迁时,她说:

> 我们到了一个新公寓,在那里,也有这样的经历:新学校班级里的孩子们突然看到我,就问我,你来这儿做什么? 你不属于这里。我必须向他们解释,我是刚搬家过来的。

对于这里的描述,我发现自己不能确定她试图传达的是什么。萨拉如此具体地描述自己所处的情境,反映了她不能从一种混乱和使人不安的经历中抽取出更全面的理解。

这两则例子是抽象和具体的两个极端案例。第一段话没有什么具体细节,显然是抽象的,而第二段因为它的非抽象性,当然是具体的。不过在很多情况下,我们更多的是把思维作为一个整体来考虑,而不是抽取思维的片段,所以,做这种区分是有问题的。因此评定一个既定陈述是抽象的还是具体的,通常仅在和另一个更加(或更少)抽象或具体的表达做对比的情况下才有效。

为了解决这个问题,我决定集中关注具体表达和抽象表达之间的过渡点,而不是把它们做二分式处理。这个策略被证实对评价认知发展也是有帮助的。尽管抽象思维被认为比具体思维更高级一些(按照弗兰肯斯坦及其他一些认知发展理论家的说法,如 Kohlberg,1976;Perry,1968;Piaget,1955),但能从具体和抽象两个角度入手构想一个主题,并能在这两种理解方式之间轻松游移,也显示了认知发展的高水平,能被视为复杂性认知和有效思维的一个方面(Goldstein & Scheerer,1941)。

在识别抽象与具体的过程中,那些能从资料中看到的各类短语使得寻找二者之间的过渡语变得更容易。如果文本中的某个段落以几个关键短语开头,如"问题的关键是"或者"比如",那么具体和复杂之间的转化通常就开始了。大卫这样说起他的童年:"但那的确是一段无忧无虑的自由日子,比如去海滩玩耍、摘野葡萄、和别的伙伴一起消磨时光。"在这里,大卫以一种抽象的方式开始讲述,先说"一段无忧无虑的自由日子",然后过渡到一种比较具体的方式,引用了几个典型的童年游戏的例子。

有时，过渡通过一些具体例子之后的总结语表示出来。比如萨拉在反思她的学校时光时，举了几个具体的例子来表现那时的快乐：参观动物园，儿时玩伴，参加一场演出。几句话之后，她才用更抽象的词语总结这段时间："一年级和二年级真是一段特别的经历，的确是这样。"

有时候，说者可以用一种连接词来表示不同具体化水平之间的转变。例如大卫说的，"老师教育我们要按真正的价值观行事——像诚实、考试不作弊、友谊、互相帮助"，还有"我们的家庭关系很好，很温暖的一个家，但是不太民主开放。换句话说，当有问题的时候，我宁愿自己解决，而不是和家人一起商量"。这种连接语暗示了，说者意识到必须解释自己刚才所说的话。也有很多在不同抽象层次间转换过渡的例子，不过这种过渡不是由说者直接表达出的。比如，大卫这样回忆他八岁那年搬家到另一个城市："突然之间我的整个生活都变了。我记得那个班级，那些新同学，那所学校的结构，一切都不一样了。天气都有些不同了。"在这里，大卫从一种抽象陈述过渡到具体例子，但他并没有明确显示出这种过渡。

但过渡点并不总是如上述案例那样可以清楚识别出的。下面是一些比较麻烦的例子。比如萨拉回忆："我对幼儿园有着美好记忆，我甚至还记得老师们的名字，因为我在那里如此快乐，它给了我非常多的乐趣。"这时我就在想，是否记得老师们的名字标志着要过渡到一种比较具体的模式了。但最后我得出结论，其实萨拉还是停留在同一种抽象水平上，她只是重述对自己喜欢幼儿园的抽象理解，也即是那是如此快乐以至于她能记得老师们的名字及其他一些美好的事情（这些事情她也没有提供具体的细节）。

相似地，大卫在描述童年时的自己时说："我很害羞，很敏感，是一个爱哭的孩子，就是说，是那种很容易被触怒的孩子。"因为"害羞""敏感"和"爱哭的"是处于同一种程度的修饰语，我就怀疑"容易被触怒"这个词就表示了对其他品质的陈述或向一个较低水平的抽象性的转移。我想知道大卫用到的"就是说"这几个词,是否就已经表示了他要给出一个例子的意图。但最后我得出结论,运用短语"就是说"并不标志着转向一个不同的抽象水平,因为对于这些描述语中的任何一个,我们都能要求给出示例,这就表明了它们都是抽象的。

这些例子强调了这种分析类型的个人诠释和主观性方面。我通常都是根据陈述所处的上下文语境和/或说者的个人品质——比如表达的流畅性,而做出判断。

存在着不同类型的过渡。比如,萨拉说:"我经常是快快乐乐回到家,妈妈在那里做好饭等着我们,欢迎我们。"这与萨拉关于她小妹妹的死亡的描述形成了对比(见第 3 章)。在第一个例子里,萨拉从一种高度抽象(家里充满欢乐)转到比较具体的相关例子。不过这些例子就其本身而言仍然是抽象的,因为它们还需要更详细的描述,比如回到家时的记忆、几种特别的食物。相比之下,在第二个例子中,萨拉从极度抽象(非常不愉快的记忆)到一个特别具体的描述——记忆中那个时候的房子和人。后者是一个终极转变的例子——言论不能再高于它已经达到的具体水平了。前者则是一个局部转变的例子——言论的层次开始变得比较具体起来,但有着向更具体水平过渡的空间。

于是,我发现从抽象到具体过渡的次数(反过来也一样)能被用作衡量抽象思维能力的标准。这种过渡变化的标志可以是一些连接词,这时的变化是有意识的。虽然可以区分出终极和局部转变,我的分析并不表示在所有研究样本中这种差异都存在,因此后面的阶段里没有进一步探讨它。

最初我计算了每一位访谈对象在各抽象水平间的过渡次数,并分性别把各项结果累加起来。对男性而言,总计有 39 次过渡,女性则是 33 次。当然,只有当所分析的各组文本具有同等长度时,这种对比才是合理的。本次分析就是这个情况。而且,在每一个组别内,它们的分布大致也是相似的。

从表面上看,男性较高的过渡量似乎表明了一种较强的抽象思维能力。不过更仔细地阅读文本,会发现过渡经常是由访谈者的提问而促成的。下面是访谈者两种类型的介入：

通常，访谈者会要求举一个例子，于是引发了从抽象到具体的过渡。比如，当丹尼说"我是一个生龙活虎的人（live wire）。从那些故事里判断我是非常野的……"时，访谈者追问道"比如？"丹尼就举例了一个他讲过的故事：在两岁大的时候，他是如何爬行了好几百米，横穿马路，到祖父的家里去要几块糖吃。

第二种类型的介入引发了从具体到抽象的过渡。比如，当萨拉描述自己作为家里的长女而备受宠爱甚至溺爱时，就有了下面的对话：

I：那么如果要你刻画一下第一个年龄段的自己，你会把自己描述为这么一个孩子，一个招人喜欢的孩子吗？

S：我想是这样的，是的，在每个年龄段，的确是每一个。

I：是啊。

S：在西班牙语里我们说 Bechorika——一个备受喜爱的长女……

在这个例子中，访谈对象提供了具体的例子，但是访谈者补充了更抽象的词语。

尽管这些介入并不总是会产生各层次水平之间的转化，它们也可以让访谈对象感觉到，此时访谈者所期望的是什么，这就影响了访谈的前行路径。但是，如果没有全面考察整个访谈过程，就很难确定，是否意在引发这种过渡的介入导致了访谈对象使用更多的变化[②]。因此，我进行了另外一种计算过渡量的方法，这种过渡不是由访谈者介入引起的。我发现了男性有 23 次这样的过渡，女性有 27 次，这显示了当把访谈者的影响考虑进来时，反映性别差异的画面就颠倒过来了。

评定分化能力

弗兰肯斯坦（1970b，1981）把分化能力界定为这样一种能力：能

[②] 介入的次数和性质必然会受到访谈者的倾向性和他们与访谈对象间互动的影响。尽管我没有对这个问题进行过深入系统的调查研究，但我的印象是，具有临床倾向的访谈者更喜欢运用这种介入技巧。

识别不同现象(个人品质、事件、物体)之间的相似点和差异处,能觉察现实的相对和客观维度,能保持不受前概念、既定框架及认知和评价行为模式的影响。我选择通过分析概括化的倾向来调查这种能力。概括化是指把某些事物划归到一个包含其他类似事物的一般类别中,为了做到这一点,需要我们暂时忽略这些事物之间的复杂性和差异性。我的假设是,运用最低限度的概括(generalizations)和/或对合理概括(qualified generalizations)的偏好就预示了分化能力。和其他我所运用的标准相反,这个衡量标准是从否定的角度界定的,主要是因为概括比分化更容易识别。

尽管对概括的识别可能会引起对它们的真值(truth-value)的揣测(尤其对于模式化框架来说),我还是努力尝试关注概括化行为,把它作为分化思维能力的衡量标准。概括的一个例子是大卫对自己童年时的描述:"但是很自然有时也会有封闭的感觉,很……现在我有了自己的孩子,把这些看得都很平常,每一个人都会有这种经历。"此时,大卫把自己的结论推向一个较大群体的所有成员——"每一个人"。没有任何迹象显示,大卫是如何得出每一个人都会有相似经历的结论的,也没有任何基础以断定大卫的对错,但我们的兴趣仅在于他此时的思维过程,因此这两个问题就是不相关的了。

正如前文已经提到过的,我们应该区分概括和合理概括。前者认为概括对所有情况都是适用的,就像上面大卫的例子。而合理概括的例子来自丹尼,他描述自己是如何要被哄着吃饭时说:"我想所有的小家伙都有这样的问题,你不得不耐心地哄着他们做某些事情。"在这里,丹尼没有直接宣称所有的孩子都很难喂,他的陈述以"我想"为开始,清楚表明了我们所听到的都只是他自己的理解,而不是一个普遍现象的陈述。词句如"我想,我猜,据我所知",都表示了说者对于他或她所提出的主张的不确定性。

另一种限定概括条件的类型是,划分概括所适用的范围。像"通常"或者"对大部分人来说"之类的表达是其标志,预示说者意识到了他的概括的局限性。比如劳瑞描述自己是如何爱脸红时,加了一句:

"但是，'通常'只有老实天真的人才会脸红，我并不属于那种类型的人。"

为了确定在分化思维能力的这两种类型之间是否存在区别，我从两个维度入手对它们进行比较：

- 概括的频率：男性 28 次，女性 34 次
- 合理概括的频率：男性 10 次，女性 13 次

依照这些发现，女性的笼统性概括表达要比男性的多，不过两组所用到的合理概括的比例是相似的（都占其总概括的 1/3 左右）。

评定负责任的思维

弗兰肯斯坦（Frankenstein，1970b，1972，1981）把负责任的思维定义为不依赖权威（比如，权威人物或书本），能做到尊重现象、行为和过程的内在规律。缺乏负责任的思维则表现为，不能超越给定情境的具体性和直接性看问题，倾向于从权威的言论入手推论判断的准确性。

我在访谈对象所说出的批判性陈述中，寻找负责任的思维的证据。"批判性陈述"在这里被定义为"挑战明显事实的断言"。这可以涉及任何情况（如养育方式），只要它们指示了说者所做的判断或评价。这种类型的陈述反映了批判性判断，可以被归类到负责性思维中。只有在说者独立判断和评价事件，而不是仅凭借表面价值被动接受时，才可以称他具有负责任的思维。批判性观点的表达，特别是当它涉及权威人物时（比如父母和教师），可以被认为是不依赖权威的表现。

从负责任的思维角度对资料进行初步阅读，我发现应该适当区分描述、评价和批评。

关于描述与评价。虽然可以说，对说者而言没有什么描述是不受评价行为影响的，但从语言学角度来讲，我们还是可以区分出描述性陈述和评价性陈述。描述回答的是"发生了什么"的问题，而评价回

答的是说者对事件、人物或行为的看法的内隐性问题。比如大卫描述他在学校的情况："我是一个守纪律的好学生,按时做作业,但是不太努力。(……)我是一个中等生。"如果他只是说他很守纪律,做作业不太努力,那他的评论就应该被划到描述这一类别中。但是"一个好学生"和"我是一个中等生"中暗含的评价因素,标示了这里应该是评价。

描述和评价的区别并不总是那么明显。一个词语可能看上去像是描述,但是在某个特定背景下又带有评价色彩。比如玛丽描述她的一年级老师时说:"我记得她确实也是爱我们的(……)她控制不住她对我们的感情(……)。""她确实也是爱我们的"看起来是描述性的,"控制不住"这种爱的感情则引入了一种否定意味,否定了她那种不顾学生意愿或良好感觉的介入。所以有理由推测,这个陈述是评价性的,甚至是批评性的,通过审视上下文,强化了这个判断。在进一步的阅读中,我发现玛丽提供了一个精细和微妙的批评,它来自她自己觉察到的一种冲突,也即她与学生刻意保持距离和她前任教师完全听任自己的情绪之间的冲突。她说:

> 我记得她确实也是爱我们的。那是一种相互的……今天作为一个教师,我知道这是很容易发生的,我的意思是,总会有一些班级、一些学生让你非常喜欢。但是我努力和他们保持一种距离。我记得她经常控制不住她对我们的感情,今天我也知道那是很容易发生的。(……)

下面有关批评的部分会清楚地显示,一种精细的评价(就像上面玛丽的评价)也可以作为含蓄批评的特征。

从上面的论述可以看出,评价也可以是抽象的陈述语,这一点和描述不同。区分出描述和评价的种种困难,还有评价与抽象陈述间的大范围交迭(正如前面一部分所描述的),是把这个类别从分析中剔除出去的原因。我转而选择重点关注一种更加严格的衡量负责任的思维的标准,那就是批评。

关于批评。批评，或者是一种宣称，同意/反对一个事件的给定陈述，或者是基于审慎思索和全面考虑了所有选择可能之上的一种观点的陈述。批评不同于评价，评价所做的价值判断通常不会表现出主体对被评价内容的意识，所提供的观点也没有阐明其背后的理由。在批评这个类别中，可以进一步区分直接批评（direct criticism）与含蓄批评（implicit criticism）、全面批评（full-scale criticism）与有节制的批评（restrained criticism）。

直接批评仅指那种公开表达的批评意见。这在萨拉身上可以看得很清楚，萨拉蔑视教育系统所作的决定，因为它把自己划为下层人，而它所依照的标准，至今在她看来仍然是不明智的：

> 那个时候，他们称班级的孩子为"下层人"——我不知道是否我的父母属于这个范畴，也许是因为我的父亲没有受过教育。你知道，下层人的定义是建立在父母的受教育程度之上的，第二个标准就是父母的血统，我想是这样。今天我也根本不同意这个。

然后她继续描述他父亲在数学上的天赋，母亲是多么喜爱读书。

含蓄批评并不公开说出来，但是可以从所说的内容里推断出其中暗含的批评。这种批评通常通过两种行为之间的矛盾或对词汇的仔细选择传达出来。例如萨拉说："我记得我们老是去那里，就是说，过去经常去那里，只是乘坐公共汽车让人感觉不太……但非常快乐，我们那时并没有被宠坏。"萨拉的言论暗示了这样两种行为之间的不同——那个年代里的孩子毫无怨言地乘公车的行为和今天被宠坏的孩子的行为。

有节制的批评反映了说者意识到了当时的语境，表示他已经准备好使自己的判断变得柔和一些。丹尼在描述他就读的学校（cheder③）时说：

> （……）我猜想并不只是我的父母感觉这样做很容易，别的

---

③　cheder 是一种犹太儿童的宗教学校。

父母们也可能都觉得把自己如此年幼的孩子送到那里去比较省事。在那个年龄就开始学习字母表,接受纪律训练,不管怎样都是在那种隔离的环境里度过如此漫长的一天,从早到晚。

在这里,丹尼通过选择"隔离的环境"和"如此漫长的一天"表达了他的含蓄批评意见。而且,对其他父母的提及缓和了他对自己父母的责难,既然其他的父母也都和他父母一样,那么他们就一起承担起责任,这样使得对自己父母的批评柔和了很多。

应该注意的是,虽然批评态度可能是肯定的或否定的,但当他们是肯定态度的时候,说者并没有做任何努力去诠释自己的观点。只有否定的批评被作为一种观点呈现出来,而肯定评价没有被加以任何诠释和做进一步描述性的说明,所以它们不能被作为我早先定义过的负责任的思维的判断标准。

还有一个问题浮现出来,不同批评类型之间的差异,是否与对弗兰肯斯坦所界定的负责任的思维能力的评价有关呢?这种差异仅仅只是在表达自己批评观点时个体差异的产物,还是反映了个体间深层思维过程的更根本性差异?我个人的看法是,直接批评和含蓄批评都是具有同等价值的独立的思维过程。批评的直接表达需要一个"更勇敢"的说者,他愿意为自己的判断做辩护,而不是隐退到被误解的借口之后。这可能意味着要为个人的思想承担更大的责任,但是并不必然与独立思考的能力有关。就限制批评而言,对某个情境背景因素的考虑可以减弱批评力度,但是也表明了批评观点的形成经过了一个反复度量和思考的过程。因此,一个限制批评绝不预示着较低的认知能力。相反,它是赞同批评的证据,尽管说者在批评时有所保留,同时它也证明了,这种保留是在一个深思熟虑的过程中发挥作用。

不过,把批评作为评定负责任的思维的标准这个用途需要进一步澄清。首先,一个成年人能够批评当年他的父母或教师如何对待孩童时期的自己这样一个事实,并不意味着他已经独立于目前对自己很重要的权威人物。但是只有在运用这个标准去考虑说者生活故事中较早期的一个章节时,这个问题才明显存在,它并不是标准本身的问题。其次,说者没有表达出一个观点,可能是因为缺乏一个合适的机会,而不是完全缺乏批判性观点。这种保留意见可以指向本章所讨论的所有标准,我们应该还记得,此次分析的前设就是,生活故事是一种个人自我认同的生动展示,它倾向于巩固和表达有理有据的观点④。

因此,为了评定负责任的思维,我考察了访谈对象的批评性陈述。把批评性陈述界定为:以一种公开或含蓄和/或有限制的方式,表达关于某个行为或某个人的赞同或反对的观点。

总的来说,访谈对象对童年期做了 37 次批评陈述,其中男性 20次,女性 17 次。男性有一半的批评是直接的,一半是含蓄的;而对女性来说,超过一半的批评是含蓄的,仅有 1/3 是直接批评。男性更倾向于为自己的批评提供理由(1/2 的陈述,而女性仅有 1/8)。

讨　论

如果没有讨论所存在的一些局限性,分析是不能就此结束的。上面展示了,从三个标准入手分析和诠释所挑选出来的访谈文本部分,其中每一个标准都代表了一种被弗兰肯斯坦概念化的认知机能。为了本次分析的目的,仅从表面意义上引用了弗兰肯斯坦的理论,没有考虑、比较或者对照其他认知理论和教育理论。

而且很显然,不同的操作标准可能已经暗示了三种认知机能中的某一种。比如,很可能会认为访谈对象所做比较的频率就预示了鉴别差异和相似性的能力;或者把访谈对象按照普遍规律或原则诠释事件的程度看成评价能力的标志,而不考虑其描述性,这也是有可能的。

考虑到那些可能影响到访谈对象思维过程的额外因素(比如,对访谈者身份的识别,对组织访谈的方式和访谈者本人的认同),没有哪一个标准能独自区别出男性与女性在认知机能方面的差异,这是很明显的。

上述局限性,虽然很有必要说出来,但并不因此就贬低了这些标

④　访谈者对批评的态度和开放性会影响这个标准,明智的做法是去调查一下受影响的程度。虽然没有进行系统性调查,但从表面上看,似乎并不存在这种影响。

准的价值,它们正是为这次分析的目的才发展出来的。所有的认知机能和智力评价都会受到除智力本身以外诸多因素的影响。运用多种标准去评定讨论中的这些变量因素,实际上正是一种应付诸多影响的方式。

下面来总结一下有关性别和有效思维的发现。在用这一部分发展起来的各种标准比较男性和女性的过程中,我并没有觉察出什么重要的区别。而且即使发现了某些差异,仍然无法确定:它们究竟是由认知能力的差异,还是个人口头表达的偏好风格所导致的呢? 在最近的一些研究中也提出了类似的问题(Belenky et al., 1986;Goldbergeret al., 1996;Tannen,1990)。

用叙事的语言学特征识别和评定其
情感内容:塔玛·奇尔波

深究叙事的各种特征能够洞察其中蕴含的丰富情感内容。捕捉访谈对象情感的最直接方法是倾听其感情的直接表达,或者通过话语内容("我很悲哀"),或者用辅助性言语(流泪)。仔细阅读叙事内容也可以帮助我们用一种间接方式(比如未被言说的内容;请参见第 4 章的一个例子:婚姻在萨拉生活中的重要性的分析)了解说者的情感。在内容分析中,所得结论是建立在对文本的移情和敏感性阅读基础之上的。本章接下来的部分将介绍第三种方法:运用一种形式上的标准,去评定说者的叙事受情感控制到什么程度。在这种情况下,结论的得出是以叙事的语言学特征为基础的。

对这个问题的兴趣定位在关于叙事分析的语言学研究和心理学研究的交叉点上。语言学研究者研究的是语言如何表达情感,他们认为谈话的词汇、语法和结构特征能指导研究其中所表达情感的本质和量级。叙事的说者/写者按照谈话的惯例创作文本,相应的,听者/读者也因此诠释这些文本(Ochs,1989)。

心理学领域的作者也已经以语言学要素为基础刻画了叙述的心理特征。这里的假设是，事件引发情感，人努力去处理这些情感，而他们的应付机制都反映在其言论的语言学特征上。比如，斯彭斯（Spence，1983）致力于界定重音否定（stessdenial）的语言学特征；开普斯和欧克斯（Capps & Ochs，1995）研究了自传叙事的语言学特征，这种自传叙事能够揭示应付恐惧和无助这类情感的机制。黑兹纳（Heizner，1994）则考察了创伤性叙事中无助感表达的语言学特点。这些研究者都聚焦在与心理压力有关的症状和觉知的语言学特征上。比如，对有陌生环境恐惧症的叙事来说，关注的焦点是，那些强调意外因素的状语和反映说者无助感的动词的被动态形式（Capps & Ochs，1995）。

下面的几个例子就是为了阐明，如何把叙事受情感支配的形式特征用作理解生活故事某个情节的工具。

评定标准

我们在这个研究中所收集的叙事，都是来自那些健康和机能良好的男性与女性，他们都没有明显的心理失调问题。尽管在"所有的叙事中都会表示出情感"这一点上仍存有争议（Wigren，1994），但考虑到生活中的困难可能会带来比较清楚的情感反应例子，因此，我还是选择重点关注访谈对象生活中的困难问题方面，因为在我们每一个人的生活中都会遭受一些困难和打击，所以，我决定在访谈对象的生活故事中寻找类似的描述，并聚焦在其形式特点上。

以前面提到的研究为基础，同时还借鉴了其他一些研究（Biber & Finegan，1989；Ochs & Schieffelin，1989），我编辑了一个情感或精神障碍的形式特点清单，但我并不期望它们在叙事中都会出现，也不预期它们会表现出相同的强度和频率。这个清单只是用来指导我们在阅读和分析叙事时，注意这些指示情感的形式要素。下面列出了此清单的部分内容，仅供参考。

- 状语,比如"突然",可能预示了一个事件的如期而至或者不期而至。

- 心理动词,比如"我想、我明白、我注意到",可能预示着一个经历被意识到的程度和正在接受心理加工的过程。

- 指明时间和地点,可能预示叙述者正努力与一个事件拉开距离或者把它拉得更近。

- 动词的过去时态、现在时态或者将来时态这三种形式以及它们之间的转换,可能预示着说者意识到了他所描述的事件。

- 第一人称、第二人称和第三人称之间的转换,可能预示了由于重新遭遇某次困难经历造成了说者自我与经验自我之间的分裂。

- 动词的被动形式和主动形式,可能预示了说者对自我作用的觉知。

- 强调词比如"的确、非常",或者去强调词比如"也许、好像",可能会引发这样的问题:强调词是否相继与表达某次经历重要性的标示语一起出现? 去强调词是否经常与无助感和无力感的表达一起出现?

- 打乱事件的时间顺序或者通过倒退、离题、时间的跳跃或沉默随意前进,可能预示了说者在努力避免讨论一次困难的经历。

- 部分谈话(音节、词语、句子、思想)的重复,可能表示谈论的主题引发了说者的一次比较强烈的情绪反应。

- 对事件的详细描述,可能表示说者不愿意去描述自己的困难情感。

方　法

　　这一部分选用了我们研究样本中中年女性的生活故事来说明方法。在重读她们生活故事的过程中,我标出了所有的困难情节。"困难情节"包括失去(死亡、分离)的经历和痛苦的生活事件(事故、不育)。我留意的是,对这些情节确切发生之时情境的叙述,而不是说者对自己经历的评价。

在分析的这个阶段，存在这样一个问题，生活故事是在访谈情境下汇集起来的，其形式特点可能已经受到访谈者与访谈对象之间互动的影响。一些访谈者是经过训练的临床心理学家，她们的问题倾向于强调访谈对象经历中的情感因素。而访谈者所表现出的认同感，以及当听到充满情感的叙事时她们的移情性表达，可能都已经影响了说者的情绪状态，因此也影响了谈话的形式特征。

考虑到这个原因，我选择主要关注在访谈者介入对话（或是表达认同感，或是询问更多的细节）之前被述说的故事。我在自己的能力范围之内，把对话影响从分析中移除出去。不过值得注意的是，非言语性交流的影响无论如何都是不能估计出来的。

另外一个问题是记录文本的质量。如第 3 章所指出的，分析的不同类型需要访谈书面记录的不同精确水平。类别—形式分析需要特别详细的文稿。尽管语言学研究者可以在记录沉默时间长短、语音声调高低等方面尽情发挥，但我偏爱没有任何非言语细节的完整草案。

识别出叙事的困难情节后，就着手开始寻找上面所列出的形式上的语言学特征。下面用两个简短的例子来说明这项工作。

例 1

我们离开部队后不久就结婚了，我们以年轻夫妇的身份在 G⑤ 定居下来——它才刚刚成为居民区。那里有很多的犹太复国主义者（Zionism）⑥，很多，……结婚仅仅 9 个月后，**我们就卷入了一起事故中**——一场可怕的车祸，确切地说，是在那次赎罪日战争*期间。我们 3 月结婚，10 月战争爆发，12 月我们遭遇了事故。那个时候，战争在戈

---

⑤　所有的字母都表示一个地方。

⑥　犹太复国主义（Zionism）是恢复以色列国家领土完整性的犹太民族运动。在建立以色列国（1948）之后，一个以色列人成为一名"犹太复国主义者"意味着他愿意为自己的国家效劳，付出自己的一切。说者给出了她在 G——一个新的居住地（以色列集体农场 kibbutz）——定居的意识形态方面的动机。

*　赎罪日战争（Yom Kippur War）：1973 年 10 月 6 日，以埃及为首的阿拉伯联军趁以色列军队过"赎罪日"之机发动战争，最终以以色列军队反击并且直逼开罗而告终。——译者注

兰高地（Golan Height）继续着，战争确实在继续着。**一支装甲兵部队运输机正沿着公路开过来**，那是上午 8 点，我的意思是，**它突然转变了行驶路线**。你能做什么来抵挡那么大一个家伙呢？当时的确是这样。我不记得了，但是据目击者说，我们设法停了下来，我们没有别的选择。那家伙就那样轧了上来。萨姆开着车，和我们一起在车里的还有从 G 来的两个朋友。我们在北部的 H 度过周末后开车回到 G。萨姆从 H 来，那两个朋友住在 M，我们搭载了他们，沿着 R 旁边的公路继续行驶。一切就这么发生了，**萨姆昏迷了整整 10 天，他伤情非常严重，我也几乎丢掉了性命**，因为肋骨刺进了肺里，引起了并发症。的确是这样，那一年里，手术、手术、各种各样的手术，它改变了我们的生活，因为我们已经计划好不久以后去国外旅游，一次长途旅行。你知道，每一件事情，当所有的都安排好了，都在期待之中了，然后被迫取消，除此之外，当然没有别的选择。我们差不多花了一年的时间才康复，我的脾气也变得极其坏，的确一直处于极度焦躁的状态，对任何事情都没有耐心。我的意思是，我拒绝在床上待很长时间，我很清楚这一点，不想成为一个跛子，半年的时间里都需要借助拐杖走路。（莎伦）

真实的场景和所发生的事故，在案例中用黑体字标了出来。说者一上来就提到了时间，以此作为讲述故事的开场白，然后突然开始比较充分地描述一个时期，把事故放到了一个具体的时间和情境中。她回到了事故现场的描述，却是从目击者的角度描述所发生的事情，然后才描述事故本身。接着又一次突然转向，从事故的描述转而提到谁在开车，乘客都有谁，那个上午他们为什么会在那里，然后又开始谈论所发生的事故，谁受了伤，有多么严重，还有接下来的变化，夫妻俩的旅行计划不得不取消。

在叙述过程中总共有三次离题，每一次都是在痛苦的时刻。前两个延迟了谈论事故本身的必要性——两辆车碰撞的真实场景。第三个推迟了对说者和她丈夫受伤程度的描述。

一方面，这些离题所提供的信息是很重要的；另一方面，也可以认为，离题是在安排时间以推迟对痛苦记忆的回忆。比如说者离开事故本身云谈论搭乘他们车的两个朋友——他们是谁，在哪里上的车，但是后来再也没有提到他们，甚至没有说他们是否受了伤。因此，乍看上去，他们似乎与故事没有关系，仅仅起着缓冲作用而已。但是后来，通过访谈者和访谈对象之间的对话（这里没有提到），我们得知其中一个在车祸中丧生，另一个也严重受伤。因此完全可以这样推断，她提到他们如此简短是因为很难接受发生在他们身上的一切，也许是出于一种内疚感——她丈夫是司机。从这里我们可以看出，熟悉整部叙事在分析生活故事各部分中是多么重要。

许多词和短语在文本里出现了好几次：婚姻/结婚（2次），事故（2次），战争（4次），没有别的选择（2次），手术（3次），我拒绝/不想（2次）。说者无力与事故妥协的主题也重复了好几次。这些重复能够让我们洞察故事的关键时刻以及它们受情感支配的程度。对战争的强调（表面上存在于故事的上下文中）侵染了战争经历通常传达的紧张、痛苦和迷失感。它也和事故的结果相联系——为健康斗争，为生命斗争。这再一次说明了上下文语境的重要性：在这个例子中，指的是社会背景和它对说者语言习惯的影响。1973年10月爆发的赎罪日战争被以色列社会看成一个灾难性事件。战争是困难的，招致许多损失，回顾起来，本来是应该避免的，或者至少可以更好地做些准备。所以，它就代表了政府和国家之间信任关系的破裂。"战争"这个词的运用暗示了民族战争灾难和夫妻两个人灾祸之间的并联关系。它也可能暗示了说者和她丈夫之间信任纽带的相应断裂。

事故被描述成一个躲避不了的事件，车上的乘客无法控制（"你能做什么来抵挡那么大一个家伙呢？""我们没有别的选择"）。在说者提到他们计划的中断（"已经计划好了一次国外旅行"，"所有的事情都安排好了，都在期待之中了"）时，同样的无防备能力也凸显出来。说者提及这些运用了第三人称被动时态，暗示她意识到自己在生活面前的无能为力。不过，后来又重新获得了控制，这从她对伤害的反应和拒绝一个病人的身份（"我不想成为一个跛子"）可以看出来。相似的，在对话的稍后部分，她告诉访谈者，她是如何拄着拐杖从一所大学急匆匆地赶到另一所大学,为即将到来的新学期注册。

事故的确切描述被远距离化,与说者的观点相疏离。她说,"一支装甲兵部队运输机正沿着公路开过来","它突然转变了行驶路线"——仅仅提到了另一辆车。当转到自己一方的描述时,她需要与这个经历拉开距离,所以转移到了目击者的立场上。

说者运用了好几次强调语,如"我的意思是、的确是、非常",来强调事故的严重性。当把事故归因到另一辆车身上而不是她丈夫的时候,也用了"的确是"这个词,强调了事故是无法避免的,仅在稍后才提到是她丈夫开着车。当然在这次事故之后,对她来说重要的是,让自己确信,也让别人清楚,她的丈夫不是应该负责任的那一方。因此我们能够推断叙述的第三次离题,就在提供了自己丈夫开车的信息之后。目的就是,在作为司机的丈夫和她所描述的伤害之间划出界限。

注意到动词时态的变化也是很有趣的。说者开始时一直用的是现在时态,接着转移到过去时态,然后又回到现在时态,以此描述事故的后果和自己应对伤害所做的努力。似乎很明显,事故之前和之后的时期对她来说要比事故本身更具体。确实,她甚至不记得碰撞时的情景,这暗示了应付这次经历对她来说是多么困难。

下面是这一小节最后的分析:说者转而向听者提出了带修辞色彩的问题或评论,比如"你能做什么来抵挡那么大一个家伙呢"或者"你知道"。这看起来似乎是向访谈者直接提出请求,反映了说者希望和她分享这次经历,引发她的认可和同情。向听者做直接请求和运用带修辞色彩的问题都是女性言论的特征(见 Lakoff,1975,1990)。因此从社会背景来考虑文本,包括了对男性和女性言论中运用不同语言习惯的敏感性。

例 2

(第二个例子来自萨拉的生活故事,是她对小妹妹的夭折的描述⑦。)

---

⑦ 在这里应该提一下,对萨拉关于她妹妹夭折的记忆的分析是塔玛·奇尔波一个人单独进行的,她没有阅读前面由艾米娅·利布里奇和米切尔·纳奇米亚斯所写的分析(见第3章)。

S：很特别的事情，是有这么一个，一次经历，一次要加引号的经历，非常不愉快。那是……我想还是我在幼儿园时，是的，那时我**一个妹妹刚出生**，我不记得了，或许她只有一岁，**就夭折了**。我不记得当时的情境，但是我记得"七日服丧期⑧"，它给我带来很长一段时间非常不愉快的记忆，我能记起的是……不安，那是一间移民安居项目下的小房子，在我们搬入另一所公寓前，一直住在那里。我记得这段经历，所谓的"经历"，我又要说了，一个挤满了人的小房子……

I：她已经一岁了吗？

S：她离开时大概是一岁，我想是 10 个月或者一岁吧，一个小姑娘。据我从我母亲那里得知的情况看，她是**生病死**的，一种儿童病，也许后来发展成一种别的什么病——不太清楚是什么，如果我没弄错的话，是肝炎，如果我记得准确的话。所以［我记得］**当时的骚动不安，那么多人，躺在地板上，进进出出，我迷失了，不知所措，就跑出去到邻居家玩**，我甚至搞不懂究竟发生了什么事情，是**邻居家一个稍微大一些的姐姐告诉我："你知道为什么你家里那么多人吗？因为你的妹妹死了。"**这让我非常吃惊，的确只是这样……我问了很多问题。所以这个经历对我而言是不同寻常的。

　　萨拉讲述这个故事的开场白相当长，包括了对这段经历的评价（"一次要加引号的经历"）。这个介绍也包括了未完成的句子（"很特别的事情""是有这么一个"），这种情况在萨拉的言论中很少见。又是一个表现上下文语境重要性的例子，也就是说，要联系上下文中说者个人的言论风格来考虑某个语言表达。上面的两个特征都表明这段叙事浸透了情感，也预示了当回忆起这么一次创伤性事件时，说者很难进入自己惯常的叙事方式。

　　介绍了这个事件后，萨拉开始按照时间顺序讲述自己的故事，犹豫了一下之后（"我不记得了"），说起她的小妹妹出生可是又夭折。

---

　　⑧　关于"七日服丧期"，请见第 3 章的注释 3。

她再一次声称不记得当时的情境,然后开始描述"七日服丧期"。这时,她停顿了一下,岔开话题去描述当时的房子和后来全家人搬去一所新的房子,然后才有意识地回到她的主题("我又要说了")。而访谈者这时问了一个问题,造成了短暂的离题。萨拉回答之后又回到刚才被打断的地方,描述那么多人、躺在和坐在地板上、进进出出的经历。她离题去描述自己当时的心理状态,两次提到她的迷惑不安("我迷失了,不知所措""我甚至搞不懂究竟发生了什么事情"),然后才达到故事的明显高潮——跑出去玩,从邻居家一个稍大一点的女孩那里知晓了她小妹妹的死亡。

所有这些都暗示了,萨拉的情感并不是放在妹妹的夭折上,而是依附于她获知死亡的方式。那个时候的萨拉毕竟只是一个小孩子,在她们能够了解熟悉彼此之前,妹妹就死了。这也暗示了,今天萨拉作为一个成年人,在埋怨当初自己的父母不够诚实和不亲自告诉她这个悲剧。

这个例子也有很多词和短语的重复,显示出萨拉的记忆里饱含了情感。她重复了 11 次和记忆有关的短语("我记得""我不记得了""我想我还是在"),这一点是特别意味深长的。不断重复的无知感、不确定感也许表明了,她作为一个孩子确实对所发生的事件一无所知("我甚至不知道"),也预示了她迷失的感觉("我迷失了,不知所措")。重读萨拉访谈的完整记录文稿,我发现萨拉总是倾向于强调她是否清楚地回忆起某次既定的事件,但是在叙述这段故事时,她对这类词语的运用特别多,显得很极端,这就说明了为什么考虑说者的惯常言论风格如此重要。另一个特别有意义的地方是萨拉对事件的介入程度,她是如此投入,看起来几乎就像重新经历一次这个事件似的,当提到自己的迷失感时,用的是现在时态,而不是过去时态。后来萨拉在描述朋友告诉她的话时,也好像就是当下在听一样,更加强化了这个假设。

讨　论

上面展示的两个例子说明了,详细分析故事的形式特点如何能够预示故事的情感内容。尽管深入和敏锐地阅读文本可能已经揭示出了叙事中蕴含的情感，但运用这种方法能使我们更进一步——通过文本形式和语言特征方面的仔细阅读，更直觉地唤起一些有价值的东西。

这里提供的标准能够适合不同的情境。可以利用它评定和确认故事受情感支配的程度，特别是当这个叙事文本涉及说者自己的生活经历时。即使说者没有意识到或者否认这段经历的情感分量，标准也会发挥作用。还可以把它用在治疗情境里，去识别刻意拉开距离的谈论与隐匿的情感之间的隔阂。相似的，在评定个体与其情感相关联的程度时，它也可以发挥作用。

结　语

本章所强调的重点就是形式分析。尽管从理论上说区分形式和内容很重要，但在实践中同时考虑两者是非常有价值的。综合形式分析和内容分析能带来极其丰富的成果。形式分析需要研究者致力于标准、类别的界定和文本深层结构的探察，而如果从内容入手考虑这些类别，则要突出那些可能单凭纯粹的结构分析发现不了的维度和特性。

以概括为例，比如，对访谈文本进行内容分析的时候（如本章的第一部分所示），主要可以区分出两种概括类型：

关于人的概括。当说者声称某个特点刻画了一大群人的特征时，比如某一个年龄组，这种概括就发生了。"我想那个年纪的人都是对朋友比对家庭感兴趣"（玛丽）。

关于规律的概括。说者声称一条规律或原则总是正确的，那这就是对规律的概括。比如，玛丽在解释为什么她所在的班级比另一个平行班获得更大的进步时，就从自己的个人经历入手，总结出这么一条普遍规律："事情一贯如此。如果有两个班级，那么其中一个总要比另一个好。事情总是以这种方式发生的。"

进一步审查男性和女性在两种概括类型之间的差异,我假想了两个可能的结果。一方面,女性(更注重关系)关于人的概括更多一些,而男性会更多地概括规律。另一方面,如果某些女性对人与人之间的差异比较敏感,她们在大群体中进行概括的可能性就比较小。分析发现,在女性的概括中,2/3 是关于人的,1/3 是关于规律的,而男性 4/5 的概括涉及人,仅有 1/5 涉及规律。尽管比例上的差异很小,但值得注意的是,虽然女性比男性概括得多一些,其中关于规律的概括相应也多些,可是她们关于人的概括却比男性的少。在这里,我还不能给出必要的关系推论,以及为什么会出现这种差异的解释,但要指出的重要一点是,仅靠纯粹的形式分析,是弄不清楚它们的,然而内容分析会给我们提供答案。

在同样的脉络下,本章第二部分中的例子,强调了上下文语境在类别分析中的重要性。特别重要的是,我们看到了,熟悉整部生活故事的内容、说者的语言风格和更广阔的社会背景对于分析生活故事的片段是多么有必要。

第 8 章

讨论：叙事研究中的选择和评价

最后这一章我们将回到一些基本问题上来，它们是贯穿全书的许多主题和示例的基础。这一部分主要是有关选择的：研究者在每一个探究步骤中几乎都要遇到的选择和困境。前面几章给读者提供了包括阅读、分析和诠释叙事资料各种方法的分类模型，也已经展示了如何使用这种模型。接下来的这个阶段，将通过揭露一些问题——为求清晰之故，这些问题一直被我们保留至今——进行"复杂化"和"重构"工作。

开始任何一项新的研究时，在研究问题和研究方法的选择上，研究者都会面临许多两难困境，但这些困境却很少被阐明。实际上，这种选择一方面是由学术研究领域内的许多因素及其相互作用决定的，另一方面，也和研究者本人有关。研究目的和研究方法之间的和谐一致是最重要的，然而出于实践的考虑和个人偏好都会对这个复杂的决定过程产生影响。我们相信，无论在理论上还是在方法上，今天的心理学都是多元的。而且，这种多元化包含了基于单一理论或探究方法之上的纯粹研究（正如我们在第 1 章试图展示的），而更多的是那些混合并吸纳新要素或既有要素的研究。

关于文本、阅读和诠释

这一章将以模糊或瓦解一系列二分模式开始，首先要模糊或瓦解的是"文本"和对它的"阅读"，然后是"阅读"和"诠释"。就像解释学派所主张的一样（Widdershoven，1993），我们发现在所做的工作中，不存在不受任何诠释影响的阅读。事实上，即使在获取文本的阶段，尤其是在引导生活故事访谈的对话行为中，外显的和含蓄的交流、理解与诠释过程，也都在不断发生着。幻想拥有一个叙事资料的静态文本，然后开始独立的阅读和诠释过程，已被事实证明是极不现实的。这与被我们称作"诠释水平"的困境有关，也即是，与理论在倾听和诠释叙事时所处的地位有关。访谈者是不是一个仅仅与叙述者所展示的现象世界保持一致的天真的听者？或者，她是否在不断地提问、质疑，寻找差距、矛盾、沉默和未言说者（关于叙事研究中探究"未言说者"的方法，请见 Rogers et al.，待出版）？一个人能够在这些极端之间采取一个中间路线吗？能不能同时做到这两者？这种选择与访谈和倾听行为有关，同样也与诠释和做结论有关。以我们自己的经验为基础，我们的主张是，仅仅在这样一些简单的行为中（共处一个房间、陈述见面的目的、问问题和回答问题、参与一个气氛的创造），就已经进行了某些诠释性选择。但是，为了执行个体研究或者指示说明各种研究"步骤"，我们通常在实践工作中忽略了这些隐匿的事项。也许还因为，在"学习做研究"的同时牢牢记住它们太困难了。不过，叙事研究可以从研究者对这些微妙过程的敏感、觉知和与读者的分享之中获益。

关于多元化：质和/或量的方法

研究者经常会区分量化方法和质性方法。这些研究方法通常属于不同的社会科学范式，代表了看待世界、看待科学本质的不同视角。按照本书的思考，量化研究主要处理数字和统计表，而质性研究处理的是言论和对它的诠释。不过，哈默斯利（Hammersley，1992）在他关于当下民族志研究的讨论中，简明扼要地指出，质—量的划分可以被很轻易地解构，因为"很大比例的研究报告（包括许多被认为是质性研究的报告）都是结合了两种方法"。这对于前面几章所提出的分析来说完全正确。所以更准确地说，研究者面对的是一系列可能性，而不是一种二元对立。在资料收集上，她必须决定，数据应该精确到什么程度，应该具有多大的主观性、可再生性和可复制性。另外一系列问题是，数据资料应该达到什么样的个人化、真实度和情境关联度，才能备受欢迎。

但是，选择（比如，是用一份调查问卷，还是用开放式访谈）并没有就此结束。正如我们已经阐述过的，当叙事资料因为某一目的被挑选出来进行分析时，有的可能会更加量化一些，第 6 章的第一部分和第 7 章的第一部分都有示例，或者就像第 4 章，主要进行的是质的分析。不过，我们已经指出，和质的处理过程一样，对口述文本的量化处理也需要很大数量（包括了所有应该被考虑进来的因素）的人为定义和决策才能得出最后结论。按照我们的观点，单单这些，就能把量化方法的客观性变成泡影。那些看起来精确和自成系统的过程并没有放弃一种诠释性的目标。因此，带着开放的心态阅读文本，完整记录下个人对叙述者的印象，以及这种印象对读者的意义，根本不会用到任何数字，也可能同样是"精确的"。我们的基本立场是，应该为所有的这些方法和途径提供足够空间，让这种多元化丰富我们对某个问题、某个人或者某种文化的理解。

前面几章所展示的工作很明显接近主观性、叙述性这一端。访谈收集的 74 份生活故事给研究者带来了数不清的阅读工作。从种种多样化角度出发，我们选择了尽可能多地集中关注两部生活故事，或者是其中的某些情节，或者是几个部分。最突出的是，书中展示了萨拉关于她小妹妹夭折的童年记忆的三种诠释，它们分别由几位研究者独自完成。尽管看上去可能有多余或重复之嫌，但这些阅读本身是各不相同的。每一种阅读都揭示了所记忆情节的一些新面相。我们会进一步考虑核查不同诠释间不一致的地方：这种不连续性向我们揭示了什么？我们相信，与人类的自我认同一样，生活故事以及对它们的阅读也是复杂和多层次的，所以，就像在心理治疗中一样，冲突和矛盾存在于叙事研究的各环节、各部分之中。希望我们已经证明了，运用这种多样性的阅读方式来理解个体，是如何富有意义和启发。

我们的选择：以生活故事作为研究
自我认同的一种方式

　　确实，我们从一个关于生活故事和自我认同或个性之间联系的假设开始，陈述研究的兴趣在于，理解不同文化背景下男性和女性的内心世界或意义世界。我们的选择和意图就是：通过倾听诉说他们生活故事的人的声音，来探索这个世界；通过了解人何以建构自己的故事，来探索这个世界。人类以他们的生活故事和文化为材料创作自己的故事，同时，这些故事也建构了他们的生活，提供给他们以意义和目标，把他们与他们的文化紧紧维系在一起。因此，没有哪一个故事是一维的、平面的，它可以有旋律、重音、强度，或者用我们的话来说，有它的内容和形式——内容包括许多交织在一起、有时互相冲突的主题，而形式则由结构、风格、连贯性和其他一些特征刻画出来。

　　接下来要讨论的一个问题可以这样表述：哪一个故事是叙述者自我认同的反映？我们认为生活故事和自我认同都是非常复杂和多方面的，或者像巴赫汀（Bakhtin, 1981）所提出的，是对话的（dialogical）和复调的（polyphonic）（也可参见 Hermans et al., 1993）。生活故事的复杂性和多面性已经通过萨拉和大卫的叙事显示出来了。同样，自我认同也有许多成分和层面，不同的成分可能相互作用创造出一个整体，通常它们都保持着一种相互冲突的对话状态，有时甚至根本没有对话。提到"层面"这个概念，我们想表达这样一种观点，即，与在整部生活故事内部寻找有关自我认同的内容比起来，叙事的外部结构性特点与叙述者较深层次的个性更加一致，更不容易操控，但也许更有启发性。同时，这里想再重复一遍，虽然我们在讨论叙事研究模式及其提供给研究者的种种选择的时候，形式和内容之间的区别似乎非常明显，但请谨记，这只是一种表象而已。

反思我们所提出的模型

对于生活故事的阅读,出现了越来越多的方法和思想,而且数量还在继续增长,我们提出的二对二(two-by-two)模型正是对这些方法和思想进行定位排序的一种策略。我们相信,它对于思考和谈论有关叙事探究的方法,是有启发性意义的,能被用于各种各样的资料形式:言语的(无论口头或是书面),也许还有视觉的。不过,在提出和运用了这个模型之后,我们想用一种警示性言论来结束本书。这个模型可能制造了一些二元对立,现在应该淡化或者撤销它们,这在前面几章里都已经用不同方式暗示过了。我们提出的"四单元"模型——整体—内容、类别—内容、整体—形式、类别—形式,的确有助于这本书的开始,但是,如果仅取其表面价值,可能会带来误导。更为可取的做法是,把这个模型想象为构成了两个连续统。在每一个连续统的一端,存在几个稀少但非常清楚的例子,这些例子都具有"只能二选一"的特点,而大多数被提议的阅读方法都是由更加平衡的混合体组成的。

单独考虑各种分析的方法,以及把叙事阅读方法组织成四个单元,最初可能是有帮助的,但是,这种概念化方式也掩盖了一些更好的区分和组合。"属于"相同单元的分析经常极其不相似,正如第 6 章所提供的两个内容分析例子,或者,就像第 7 章里呈现的两个类别—形式分析例子。第 6 章的这两个例子中,第一个是关于中学经历对叙述者的影响,研究者的分析试图在计数言论和以频次给各类别排序方面达到精确化;而第二个例子则与叙述者和他们的家庭有关,在资料的处理上更富诠释性和印象性色彩。如果运用术语"交互主体性(intersubjectivity)"来解释的话,第二个内容分析例示了研究者对说者的主观声音的主观倾听。这可能会导向精巧和深刻的结论——那些可能会被忽略的发现。属于同一个"单元"的各种方法之间的区别通常是不容易刻画的,如果要详细阐释它们,需要一些附加维度。

　　同时，从我们对几个个案的多角度诠释分析中可以推论出，这个
模型所制造出来的四种单元区分，往往把叙事研究的实践过程过分简
单化了。当意在重点关注故事的形式时——整体的或类别的，叙事的
内容也不应该被忽略。另一方面，情节或情节中某个片段的内容，对
于刻画和理解它的形式也是非常重要的。在现实中，"整体"和"类
别"之间的划分与"内容"和"形式"之间的划分一样都是不清晰的。
再一次强调，这不应该是一种二元对立思维。决定所分析文本某一部
分的大小或者某个类别的广度，是研究者必须面对的另一个关联性选
择。我们已经论证了，在把文本分成琐细和精确的单元时，需要多么
一丝不苟，或者，运用比较宽泛的议题、主旨或主题是多么富有启发
性。正如图形—背景关系（figure-and-ground）理论所展示的，一个相
对较短的生活故事片段（比如我们所收集资料的一个阶段或一章）可
以被当作一个"整体"，这个整体包含着一个比较小的成分。而且，当
阅读整部生活故事的时候，个人意见或某个情节会凸显出来，为整体
阅读制造一个聚焦点。另一方面，在我们看来，如果一次内容分析不
考虑言论的上下文，或者放弃从整体的角度去理解个人和他/她的生
活故事，那它是很难得出有意义的结论的。因此，我们在这个阶段提
出，要把我们的读者从对这些二分模式的依附中解放出来，避免以下
做法，即运用一些术语表达自己界定某个领域极性状态的完美理想，
但又很少把这种纯粹形式实体化。

关于"如何做"叙事研究，我们是否更清楚了呢

　　不予考虑"内容分析"（今天甚至经常用电脑处理①）的传统方法，

_____

　　①　计算机内容分析软件这个主题没有包括在本书中。因为我们用希伯来文撰写了所有研究资
料，所以，没有任何可供我们使用的计算机程序。但是，我们把这种状况看作一个福音，因为它迫使我
们在面对文本时不依赖任何技术支持。计算机处理内容或言论分析的相关阅读，请参见：Richards &
Richards（1994，p.461），他们的书还有关于一系列软件开发者的附录。另外，这些书目都涉及计算机分
析（Fielding & Lee，1991；Miles & Huberman，1994；Weitzman & Miles，1995；Kelle，Prein，& Bird，1995）。

在许多现存的阅读和诠释方法中,有许多手册性的或者说明性的指南,里面列出的详细步骤意在指导人们按部就班地进行研究工作。在我们看来,这不仅反映了在心理学和其他社会科学领域中此类型方法的相对不成熟,也与这种研究工作的本性有关——它的本性与一首诗歌或一篇小说之类的文学阅读相似。但是我们坚持认为,叙事分析不是一种艺术形式或者需要什么既定天分的东西,也不是一种纯粹的"技巧",而是一种需要很多耐心和投入的技能,可以被学习、精炼和提高。阅读翔实充分的案例——正如这本书所提供的解析式案例——是依凭自己的努力获得较好成效的一种途径。

不过,要求别人被动接受一个完美的研究模型——如果有的话,通常不是一种有效的指导方法。所以,我们试图让读者也行动起来,这在本书的各个章节都有所体现。此外,在到达最终目的地的途中("如何"执行所选择的程序步骤),我们努力阐明了,研究者与自我之间进行对话或与研究助手(这个主题在研究记录中几乎没有展示)之间进行对话时,所产生的困境和诸种考虑。这终归是一个迷人的、有时又恼人的过程,在这个过程中,需要权衡各种正反意见,得出和修正可行的最佳规则,还经常不得不与实践限制妥协。但是,正如第 7 章第一部分所特别论证的,在分析通过生活故事所显示的叙述者的认知水平时,这个过程并不必然会贬抑最终选定的程序及其用途的理论优势。共享反思和公开研究者的困难,保证了学者与他们的读者之间进行公正、成熟和富于批判性的对话,这种对话给叙事研究领域带来活力,驱策着所有人不断前进。

质性研究的标准

评价研究的"老"标准,基本上是信度、效度、客观性和重复性。这些标准主要是量化的,表达了一种以系数的相关或者相似来衡量的标准。而许多学者相信,这种标准应该适用于所有研究,包括叙事

（或质性）研究，这个立场要在实践中站住脚是很困难的，甚至是不可能的（Altheide & Johnson，1994）。而且，它与叙事方法的本性相抵触。叙事方法从一种诠释性的立场出发，声称可以通过极其多样的方式来阅读、理解和分析叙事资料——因为这些资料如同现实本身一样丰富复杂，最后，得出诠释性的解释。这绝不是显示一种不充分的学识，而恰恰是表明了这种资料的丰富性和针对不同读者需要的高度敏感性——相信本书已经充分证明了这一点。

那么，什么可以用作叙事研究的质量标准呢？我们应该怎样区分一个好的研究和一个坏的研究？我们能够提供改进叙事分析的指导方针吗？多元化似乎是这些问题的特征，同样地，在本领域的最新研究工作中，这些问题也得到了多种回答。现在，我们向读者提供这些主张中的一个范例，它在本书前面几章中已经得到了运用，也可以作为诸位将来阅读和从事叙事研究的指导方针。

鲁尼恩对以前的案例研究评价做了总结，他在总结中区分了内在标准和外在标准，内在标准如风格、生动、一致性和明显合理性，外在标准则是指与主题的外部信息来源一致。"为了追求完整性，评价一个研究，不能单纯依靠阅读案例本身，那些熟悉这个研究主题或者了解相关信息的人做出的判断，也应该是评价的一部分。"（Runyan，1984）。以他的总结评论为基础，鲁尼恩提出了评价案例研究的七个标准。之所以在下面予以完整呈现，是因为它们也可以作为致力于叙事探究的个人的研究目标，或者作为决定实施一项叙事研究的理由。

- 呈现出对人物的"洞察力"，澄清无意义或不能理解的东西，揭示了以前没有看到的联系。
- 表现了对人物的一种感觉，传达出认识或遇见他或她之后的体验。
- 帮助我们理解人物的内在或主观世界，他或她是如何思考自己的经历、境遇、生活体验以及面对的问题的。
- 加深了我们对人物的共情或移情性理解。
- 有力地刻画出人物所处的社会和历史背景。

- 阐明了相关事件、体验和境况的原因(和意义)。

- 生动、有启发性,能打动读者。(p.152)

　　这个深刻、广延的清单仅仅聚焦于单个案研究,还没有穷尽所有问题。本着多元化的精神来看,一方面,我们可以发现一些激进的观点,如史密斯(Smith,1984)的论断,他坚持认为,对质性和诠释性的研究进行评价,恰恰违背了这类知识最基本的特征和价值。另一方面,一些研究者提出了新的、更加简练的条目清单和标准。在最近的一项研究中,罗格斯等人持这样一种适度的主张:"在质性研究中,有效性的一个基本标准是,跟随源于文本的证据做出诠释和结论。"(Rogers et al.待出版,p.5)哈默斯利提出了两个非常一般化的标准:有效性(validity),即某种解释是否真实、合理和令人信服(p.69);相关性(relevance),质询某种解释是否重要,是否对目前这个领域,对已有的成果、方法、理论或社会政策做出了贡献(Hammersley,1992,p.73)。米什勒则运用另一种视角提出了评价叙事研究的两个不同标准,即,可信赖性(trustworthiness)和真实性(authenticity)。其中,可信赖性涉及对研究者群体的评价。米什勒这样为自己的标准辩护:"传统上假定现实世界为客观、非反应性和中立的,然后在此基础上判定有效性(validity),而这里聚焦于可信赖性而非真理性,就是要把有效性从这个传统定位中移植出来,从而朝向社会世界前进——一个通过我们的言论、行为,通过我们的实践而建构的世界。"(Mishler,1990,p.420)

　　以上述所有观点为基础,以及我们自己作为生活故事研究者的经历为基础,我们提出下面四个标准,相信它们对评价叙事研究是有帮助的:

　　广延性(width):**证据的全面性**。这个维度涉及访谈或观察的质量,同样还有所提出的诠释或分析的质量。在报告叙事研究时的大量引用,以及提出的替代性诠释,都应该提供给读者,让他们判断这些证据和对它们的诠释。

　　一致性(coherence):**对不同部分的诠释创造出一幅完整和有意**

义的画面。可以从内在和外在两个方面来评价一致性，内在标准评价各部分契合得怎样，外在标准则要对比已有的理论和以往研究。

洞察力（insightfulness）：**在展现故事和对它的分析时有创新或创意**。与此标准相近的是这样一个问题，通过阅读对"别人"生活故事的分析，是否产生了对读者自己生活的更多理解和洞察。

精炼（parsimony）：**以少量概念为基础提供一个精到分析的能力，并且优雅或有审美吸引力**（这与生活故事及其分析的书面或口头展示的文学特点有关；见 Blauner，1987；Richardson，1994）。

与米什勒（Mishler，1990）和罗格斯等人（Rogers et al.，待出版）一样，我们也不直接提及叙事研究的真理价值（true-value），而是主张一种交感效度（consensual validation），也即，与别人分享自己的观点和结论，并在研究者团体和有兴趣的、见多识广的个体中间创造了意义，这在叙事探究中具有最高的价值。相信本书已经谈到了，关于研究者之间对话的重要性，以及意识到内部对话和分享这些对话的重要性。

不过，现在读者可能已经意识到，有一个"目录清单"并不必然保证顺利地做出决定或达成一致。与量的信度、效度标准比起来，上面所提的标准在本质上是质性的，就是说，它们包含那些不能用比例或数字来表达的判断。如果按照交感评估（consensual evaluation）来评价，叙事研究这个领域应该也能够提出"更好"的标准、产生"更好"的成果。不过，就其本性而言，它的成果不能被简化为简单公式或者数值。

重述一下本章讨论的要点，同样也是概括整本书的要义——我们的论点是，既有好的叙事研究，也有差的叙事研究。现实中也有各种提高阅读、分析和诠释生活故事技巧的学习方法。然而，绝不能说叙事研究要比统计的或者实验的研究更好。每一种方法都可能比其他方法更适合于某些研究目的，仅此而已，我们可以用各种不同的方式进行阅读和诠释工作。正如邓津和林肯在他们的书里所陈述的那样："分析、评价和诠释的过程不是终点取向的，也不是机械性的。它们经常是突发的、不可预知的和未完成的"（Denzin & Lincoln，1994，p.479）。

参考文献

Adler, A. (1929a). *The practice and theory of individual psychology*. New York: Harcourt & Brace.

Adler, A. (1929b). *The science of living*. London: Low & Brydone.

Adler, A. (1931). *What life should mean to you*. Boston: Little Brown.

Adler, A. (1956). *The individual psychology of Alfred Adler*. New York: Basic Books.

Alasuutari, P. (1997). The discursive construction of personality. *Narrative Study of Lives*, 5, 1-20.

Allport, G. W. (1962). The general and the unique in psychological science. *Journal of Personality*, 30, 405-422.

Altheide, D. L., & Johnson, J. M. (1994). Criteria for assessing interpretive validity in qualitative research. In N. K. Denzin. & Y. S. Lincoln (Eds.), *Handbook of qualitative research* (pp. 485-499). Thousand Oaks, CA: Sage.

Amir, Y., Sharan, S., & Ben Ari, R. (1984). Why integration? In Y. Amir & S. Sharan (Eds.), *School desegregation* (pp. 1-20). London: LEA.

Bakan, D. (1966). *The duality of human existence*. Boston: Beacon.

Bakhtin, M. M. (1981). *The dialogic imagination*. Austin: University of Texas Press.

Bales, R. F (1958). Task roles and social roles in problem solving groups. In E. E. Maccoby, T. M. Newcomb, & E. L. Hartly (Eds.), *Reading in social psychology* (pp. 437-447). New York: Holt.

Barnett, W. S. (1993). Benefit cost analysis of preschool education: Finding from a 25-year follow-up. *American Journal of Orthopsychiatry*, 63(4), 500-508.

Bateson, M. C. (1989). *Composing a life*. New York: Atlantic Monthly Press.

Belenky, M. F., Clinchy, B. M., Goldenberger, N., & Tarule, J. M. (1986). *Women's way of knowing: The development of self, voice, and mind*. New York: Basic Books.

Biber, D., & Finegan, E. (1989). Styles of stance in English: Lexical and grammatical marking of evidentiality and affect. *Text*, 9(1), 93-124.

Bickman, L., & Rog, D. J. (Eds.). (1998). *Handbook of applied social researchmethods*. Thousand Oaks, CA: Sage.

Bishop, D. R. (1993). Applying psychometric principles to the clinical use of early recollection. *Individual Psychology*, 49, 153-165.

Blauner, B. (1987). Problems of editing "first person" Sociology. *Qualitative Sociology*, 10, 46-64.

Brown, L. M., Argyris, D., Attanucci, J., Bardige, B., Gilligan, C., Johnston, K.,

Miller, B., Osborne, D., Ward. J., Wigginns, G., & Wilcox, D. (1988). *A guide to reading narratives of conflict and choice for self and voice*. Cambridge, MA: Harvard University Press.

Bruhn, A. R. (1985). Using early memories as a projective technique: The cognitive perceptual method. *Journal of Personality Assessment*, 49, 587-597.

Bruner, J. (1986). *Actual minds, possible words*. Cambridge, MA: Harvard University Press.

Bruner, J (1990). *Acts of meaning*. Cambridge, MA: Harvard University Press.

Bruner, J. (1991). The narrative construction of reality. *Critical Inquiry*, 18, 1-21.

Bruner, J. (1996). *The culture of education*. Cambridge, MA: Harvard University Press.

Capps, L., & Ochs, E. (1995). *Constructing panic: The discourse of agoraphobia*. Cambridge: Cambridge University Press.

Chambon, A. S. (1995). Life history as a dialogical activity: "If you ask me the right questions, I would tell you." *Current Sociology*, 43, 125-135.

Chanfrault-Duchet, M. F. (1991). Narrative structures, social models and symbolic representation in the life story. In S. B. Gluck & D. Patai(Eds.), *Women's words: The feminist practice of oral history* (pp. 63-75). New York: Routledge & Kegan Paul.

Crabtree, R. F., & Miller, W. L. (1982). *Doing qualitative research*. London: Sage.

Curtis, W. (Ed.). (1988). *Revelations: A collection of gay male coming out stories*. Boston: Alyson.

Denzin, N. K. (1978). The sociological interview. In N. K. Denzin (Ed.), *The research act*(pp. 112-134). New York: McGraw-Hill.

Denzin, N. K. (1989). *Interpretive interactionism* (Applied Social Research Methods Series, Vol. 16). Newbury Park, CA: Sage.

Denzin, N. K., & Lincoln, Y. S. (Eds.). (1994). *Handbook of qualitative research*. Newbury Park, CA: Sage.

Duplessis, R. B. (1985). *Writing beyond the ending*. Bloomington: Indiana University Press.

Eiger, H. (1975). *Rehabilitative teaching for underprivileged students* [in Hebrew]. Tel-Aviv: Sifriat Poalim.

Eiger, H., & Amir, M. (1987). Rehabilitative teaching for underprivileged students: Psychoeducational aspects. In U. Last (Ed.), *Psychological work in school* [in Hebrew] (pp. 174-204). Jerusalem: Magness.

Epston, D., White, M., & Murray, K. D. (1992). A proposal for the authoring therapy. In S. McNamee & K. J. Gergen (Eds.), *Therapy as social construction*. London: Sage.

Erikson, E. H. (1959). *Identity and the life cycle*. New York: Norton.

Erikson, E. H. (1968). *Identity: Youth and crisis*. New York: Norton.

Eshel, Y., & Klein, Z. (1995). Elementary school integration and open education: Long-term effects of early intervention. In G. Ben-Shakhar & A. Lieblich (Eds.), *Studies in psychology in honor of Solomon Kugelmass* (pp. 155-175). Jerusalem: Magness.

Farrell, M. F., Rosenberg, S., & Rosenberg, H. J. (1993). Changing texts of male identity from early to late middle age: On the emergent prominence of fatherhood. In J.

Demick., K. Bursick., & R. DiBiase (Eds.), *Parental development* (pp. 203-224). Hillsdale, NJ: Lawrence Eribaum.

Feldman, C., Bruner. J., & Kalmar, B. (1993). Plot, plight and dramatism: Interpretation at three ages. *Human Development*, 36(6), 327-342.

Fielding, N. G., & Lee, R. M. (1991). *Using computers in qualitative research.* London: Sage.

Fisher-Rosenthal, W. (1995). The problem with identity: Biography as solution to some (post) modernist dilemmas. *Comenius, Utrecht*, 3, 250-265.

Fontana, A., & Frey, J. H. (1994). Interviewing: The art of science. In N. K. Denzin & Y. S. Lincoln (Eds.), *Handbook of qualitative research* (pp. 362-376). Thousand Oaks, CA: Sage.

Frankenstein, C. (1970a). *Impaired intelligence.* New York: Gordon & Reach.

Frankenstein, C. (1970b). *Rehabilitating damaged intelligence* [in Hebrew]. Jerusalem: Hebrew University, School of Education.

Frankenstein, C. (1972). *Liberating thinking from its bondages* [in Hebrew]. Jerusalem: Hebrew University, School of Education.

Frankenstein, C. (1981). *They think again* [in Hebrew]. Tel-Aviv: Am Oved.

Freud, S. (1950). *Screen memories.* In J. Strachey (Ed. & Trans.), *Standard edition of the complete works of Sigmund Freud* (Vol. 3, pp. 301-322). London: Hogarth. (Original work published 1899)

Freud, S. (1960). Childhood memories and screen memories. In J. Strachey (Ed. & Trans.), *Standard edition of the complete works of Sigmund Freud* (Vol.6, pp. 43-52). London: Hogarth. (Original work published 1901)

Frye, N. (1957). *Anatomy of criticism.* Princeton, NJ: Princeton University press.

Gergen, K. J. (1991). *The saturated self: Dilemmas of identity in contemporary life.* New York: Basic Books.

Gergen, K. J. (1994a). *Realities and relationships: Soundings in social construction.* Cambridge, MA: Harvard University Press.

Gergen, K. J. (1994b). Mind, text and society: Self memory in social context. In U. Neisser & R. Fivush (Eds.), *The remembering self*(pp. 78-104). New York: Cambridge University Press.

Gergen, K. J., & Gergen, M. M. (1986). Narrative form and the construction of psychological science. In T. R. Sarbin (Ed.), *Narrative psychology: The storied nature of human conduct* (pp. 22-44). New York: praeger.

Gergen, K. J., & Gergen, M. M. (1988). Narrative and the self as relationship. In L. Berkowitz (Ed.), *Advances in experimental social psychology* (Vol. 21). San Diego, CA: Academic Press.

Gergen, M. M. (1988). *Feminist thought and structure of knowledge.* New York: New York University Press.

Gergen, M. M. (1992). Life stories: Pieces of a dream. In G. C. Rosenwald & R. L. Ochberg (Eds.), *Storied lives: The cultural politics of self-understanding* (pp.127-144). New-Haven, CT: Yale University Press.

Giddens, A. (1991). *Modernity and self identity: Self and society in the late modern age.* Stanford, CA: Stanford University Press.

Gilligan, C. (1982). *In a different voice: Psychological theory and women's development.* Cambridge, MA: Harvard University Press.

Gilligan, C., Lyons, N. P., & Hammer, T. G. (1990). *Making connections: The relational worlds of adolescent girls at Emma Willard School.* Cambridge, MA: Harvard University Press.

Gilligan, C., Rogers, A. G., & Tolman, D. L. (Eds.). (1991). *Women, girls & psychotherapy: Reframing resistance.* New York: Harrington Park.

Glaser, B., & Strauss, A. (1967). *The discovery of grounded theory.* Chicago: Aldine.

Gluck, S. B., & Patai, D. (Eds.). (1991). *Women's words: The feminist practice of oral history.* New York: Routledge & Kegan Paul.

Goldberger, N., Tarule, J., Clinchy, B., & Belenky, M. (Eds.). (1996). *Knowledge, difference and power: Essays inspired by women's way of knowing.* New York: Basic Books.

Goldstein, K., & Scheerer, M. (1941). Abstract and concrete behavior. *Psychological Monographs*, 53(2), 1-151.

Gorkin, M., & Othman, R. (1996). *Three mothers three daughters: Palestinian women's stories.* Berkeley: University of California press.

Gottschalk, L. A. (1994). The development, validation, and applications of a computerized measurement of cognitive impairment from the content analysis of verbal behavior. *Journal of Clinical Psychology*, 54(3), 349-361.

Gould, R. (1978). *Transformation: Growth and change in adult life.* New York: Simon & Schuster.

Greene, J. C. (1994). Qualitative program evaluation: Practice and promise. In N. K. Denzin & Y. S. Lincoln (Eds.), *Handbook of qualitative research* (pp. 530-544). Thousand Oaks, CA: Sage.

Gutmann, D. (1980). The post parental years: Clinical problems and developmental possibilities. In W. H. Norman & T. J. Scarmella. (Eds.), *Mid-life: Developmental and clinical issues.* New York: Brunner/Mazel.

Gutmann, D. (1987). *Reclaimed powers: Men and women in later life.* Evanston, IL: Northwestern University Press.

Hammersley, M. (1992). *What's wrong with ethnography? Methodological exploration.* London: Routledge & Kegan Paul.

Hartley, L. L., & Jensen, P. L. (1991). Narrative and procedural discourse after closed head injury. *Brain Injury*, 5, 267-285.

Heilbrun, C. G. (1989). *Writing a woman's life.* New York: Ballantine.

Heizner, Z. (1994). *The rhetoric of trauma.* Unpublished doctoral dissertation, Hebrew University, Jerusalem.

Herman, J. L. (1992). *Trauma and recovery.* New York: Basic Books.

Hermans, H. J. M., Rijks. T. I., Harry, J. G., & Kempen, H. J. G. (1993). Imaginal dialogue in the self: Theory and method. *Journal of Personality*, 61(2), 207-236.

Hevern, V. W. (1997). *Resources for narrative psychology: Guide and annotated bibliography* [on-line]. Syracuse, NY: Author. (Available through http://maple. lemoyne. edu/Ehevern/nrmaster. html).

Howard, G. S. (1991). Culture tales: A narrative approach to thinking cross cultural psychology and *psychotherapy. American Psychologist*, 46, 187-197.

Josselson, R. (1987). *Finding herself: Pathways to identity development in women.* San Francisco: Jossey-Bass.

Josselson, R. (1992). *The space between us: Exploring the dimensions of human relationship.* San Francisco: Jossey-Bass.

Josselson, R. (Ed.). (1996a). *The narrative study of lives: Vol. 4. Ethics and process.* Thousand Oaks, CA: Sage.

Josselson, R. (1996b). *Revising herself: The story of women's identity from college to mid-life.* New York: Oxford University Press.

Josselson, R., & Lieblich, A. (Eds.). (1993). *The narrative study of lives* (Vol. 1). Newbury park, CA: Sage.

Josselson, R., & Lieblich, A. (Eds.). (1995). *The narrative study of lives: Vol. 3. Interpreting experience.* Thousand Oaks, CA: Sage.

Josselson, R., Lieblich, A., Sharabany, R., & Wiseman, H. (1997). *Conversation as method: Analyzing the relational world of people who were raised communally.* Thousand Oaks, CA: Sage.

Kelle, U., Prein, G., & Bird, K. (1995). *Computer aided qualitative data analysis: Theory, methods, and practice.* Thousand Oaks, CA: Sage.

Kemper, S., Rash, S., Kynette, D., & Norman, S. (1990). Telling stories: The structure of adults' narratives. [Special issue: Cognitive gerontology]. *European Journal of Cognitive Psychology*, 2, 205-228.

Klein, Z., & Eshel, Y. (1980). *Integrating Jerusalem schools.* New York: Academic Press.

Kobasa, S. C. (1982). The hardy personality: Toward a social psychology of stress and health. In J. M. Suls & G. Sanders (Eds.), *Social psychology of health and illness* (pp. 3-33). Hillsdale, NJ: Lawrence Erlbaum.

Koch, T. (1990). *Mirrored lives: Aging children and elderly parents.* New York: Praeger.

Kohlberg, L. (1976). Moral development and moralization: The cognitive development approach. In T. Lickona (Ed.), *Moral development and behavior: Theory, research, and social issues.* New York: Holt, Rinehart & Winston.

Kuale, S. (1983). The qualitative research interview: A phenomenological and a hermeneutical understanding. *Journal of Phenomenological Psychology*, 14, 171-196.

Labov, W., & Waletzky, J. (1967). Narrative analysis: Oral versions of personal experience. In J. Helm (Ed.), *Essays on the verbal and visual arts* (pp. 12-44). Seattle: University of Washington press.

Lakoff, R. T. (1975). *Language and women's place.* New York: Harper & Row.

Lakoff, R. T. (1990). *Talking power: The politics of language in our lives.* New York: Basic Books.

LaRossa, R. (1989). In depth interviewing in family medicine research. In N. Ramsey Jr. (Ed.), *Family system in medicine* (pp. 227-240). New York: Guilford.

Levinson, D. (1996). *The seasons of a woman's life*. New York: Knopf.

Lieblich, A. (1986). Successful career women at mid-life: Crises and human development. *International Journal of Aging and Human Development*, 23(4), 301-312.

Lieblich, A. (1993). Looking at change: Natasha, 21: New immigrant from Russia to Israel. *Narrative Study of Lives*, 1, 92-129.

Lieblich, A. (1995). A preliminary exploration of high school experience and its effects on graduates of the rehabilitative teaching project at the high school adjunct to the Hebrew University of Jerusalem. In G. Ben-Shakhar & A. Lieblich (Eds.), *Studies in psychology in honor of Solomon Kugelmass* (pp. 176-201). Jerusalem: Magness.

Lieblich, A., & Josselson, R. (Eds.). (1994). *The narrative study of lives: Vol. 2. Exploring identity and gender*. Thousand Oaks, CA: Sage.

Lieblich, A., & Josselson, R. (Eds.). (1997). *The narrative study of lives* (Vol. 5). Thousand Oaks, CA: Sage.

Lieblich, A., Tuval, R., & Zilber, T. (1995). *Long term follow-up of the educational work of the rehabilitative teaching within the "project" of the Hebrew University School in Jerusalem* [in Hebrew]. Scientific report, the Israeli Foundations Trustees.

Lieblich, A., Zilber, T., & Tuval-Machiah, R. (1995). Seekers and finders: Generalization and differentiation in life stories [in Hebrew]. *Psychology*, 5(1), 84-95.

Linde, C. (1993). *Life stories: The creation of coherence*. New York: Oxford University Press.

Lissak, M. (1984). The ethnic organization in the Jewish community in Palestine [in Hebrew]. *Megamoth*, 28(2-3), 295-315.

Mahler, M., Pine, F., & Bergman, A. (1975). *The psychological birth of the human infant*. New York: Basic Books.

Manning, P. K., & Cullum-Swan, B. (1994). Narrative, content, and scientific analysis. In N. K. Denzin & Y. S. Lincoln (Eds.), *Handbook of qualitative research* (pp. 463-477). Thousand Oaks, CA: Sage.

Marcia, J. E. (1966). Development and validation of ego identity status. *Journal of Personality and Social Psychology*, 3, 551-558.

Maslow, A. H. (1954). *Motivation and personality*. New York: Harper & Row.

Mason, M. G. (1980). Autobiographies of women writers. In J. Olney (Ed.), *Autobiography essays: Theoretical and critical*. Princeton, NJ: Princeton University Press.

Maxwell, J. A. (1996). *Qualitative research design: An interactive approach* (Applied Social Research Methods Series, Vol. 41). Thousand Oaks, CA: Sage.

Maxwell, J. A., & Miller, B. A. (in press). Categorization and contextualisation as components of qualitative data analysis. *Qualitative Sociology*.

McAdams, D. P. (1985). *Power, intimacy, and life story: Personological inquiries into identity*. New York: Guilford.

McAdams, D. P. (1990). *The person: An introduction to personality psychology*. Orlando,

FL: Harcourt Brace.

McAdams, D. P. (1993). *The stories we live by: Personal myths and the making of the self*. New York: William Morrow.

McAdams, D. P., Hoffman, B. J., Mansfield, E. D., & Day, R. (1996). Themes of agency and communion in significant autobiographical scenes. *Journal of Personality*, 64, 339-377.

McCracken, G. (1988). *The long interview*. Beverly Hills, CA: Sage.

Miles, M. B., & Huberman, A. M. (1994). *Qualitative data analysis: An expanded source book* (2nd ed.). Thousand Oaks, CA: Sage.

Miller, J. B. (1986). *What do we mean by relationship?* (Work in progress, Working Paper Series, 22). Wellesley, MA: Stone Center.

Mishler, E. G. (1986a). The analysis of interview-narratives. In T. R. Sarbin (Ed.), *Narrative psychology: The storied nature of human conduct* (pp. 233-255). New York: Praeger.

Mishler, E. G. (1986b). *Research interviewing: Context and narrative*. Cambridge, MA: Harvard University Press.

Mishler, E. G. (1990). Validation in inquiry-guided research: The role of exemplars in narrative studies. *Harvard Educational Review*, 60, 415-442.

Mishler, E. G. (1995). Models of narrative analysis: A typology. *Journal of Narrative and Life History*, 5, 87-123.

Mitchell, W. J. T. (Ed.). (1981). *On narrative*. Chicago: University of Chicago Press.

Mosak, H. H. (1958). Early recollections as a projective technique. *Journal of Projective Techniques*, 22, 302-311.

Murray, K. D. (1988). The construction of identity in narrative of romance and comedy. In J. Shotter & K. Gergen (Eds.), *Texts of identity*. London: Sage.

Murray, K. D. (1992). The construction of a moral career in medicine. In R. Young & A. Collins (Eds.), *Interpreting career: Hermeneutical studies of lives in context* (pp. 31-47). New York: Praeger.

Neisser, U., & Fivush, R. (1994). *The remembering self: Construction and accuracy in the self narrative*. New York: Cambridge University Press.

Nelson, K. (1989). *Narratives from the crib*. Cambridge, MA: Harvard University Press.

Neugarten, B. L. (1968). *Middle age and aging*. Chicago: University of Chicago Press.

Ochberg, R. L. (1994). Life stories and storied lives. *Narrative Study of Lives*, 2, 113-144.

Ochs, E. (1989). The pragmatics of affect: An introduction [Special issue]. *Text*, 9(1), 1-5.

Ochs, E., & Capps, L. (1996). Narrating the self. *Annual Review of Anthropology*, 25, 19-43.

Ochs, E., & Schieffelin, B. (1989). Language has a heart. *Text*, 9(1), 7-25.

Omer, H., & Alon, N. (1997). *Constructing therapeutic narratives*. Northvale, NJ: Jason Aronson.

Omer. H. (1994). *Critical interventions in psychotherapy*. New York: Norton.

Peres, J , & Katz, R. (1991). The family in Israel: Change and continuity. In L. Shamgar-Hendelman & R. Bar Yosef (Eds.), *Families in Israel* [in Hebrew] (pp. 9-32). Jerusalem: Academon.

Perry, W. G. (1968). *Forms of intellectual and ethical development in the college years.* New York: Holt, Rinehart & Winston.

Personal Narratives Group. (Eds.). (1989). *Interpreting women's lives: Feminist theory and personal narratives.* Bloomington: Indiana University Press.

Piaget, J. (1955). *The child's construction of reality.* London: Routledge & Kegan Paul.

Plummer, K. (1995). *Telling sexual stories: Power, change and social worlds.* New York: Routledge & Kegan Paul.

Polkinghorne, D. E. (1988). *Narrative knowing and the human sciences.* Albany: State University of New York Press.

Polkinghorne, D. E. (1991). Narrative and self concept. *Journal of Narrative and Life History,* 1, 135-154.

Rabuzzi, K. A. (1988). A theory of multiple-case research. *Journal of Personality,* 56, 239-264.

Richards, T. J., & Richards, L. (1994). Using computers in qualitative research. In N. K. Denzin & Y. S. Lincoln (Eds.), *Handbook of qualitative research* (pp. 445-462). Thousand Oaks, CA: Sage.

Richardson, L. (1994). Writing: A method of inquiry. In N. K. Denzin & Y. S. Lincoln (Eds.), *Handbook of qualitative research* (pp. 516-529). Thousand Oaks, CA: Sage.

Riessman, C. K. (1990). *Divorce talk: Women and men make sense of personal relationship.* New Brunswick, NJ: Rutgers University Press.

Riessman, C K. (1993). *Narrative analysis* (Qualitative Research Methods Series, Vol. 30). Newbury Park, CA: Sage.

Rimmon-Keenan, S. (1989). *Narrative fiction: Contemporary poetics.* London: Methuen.

Rogers, A. G., Casey, M. E., Ekert, J., Holland, J., Nakkula, V., & Sheinberg, N. (in press). An interpretive poetics of languages of the unsayable. *Narrative Study of Lives.*

Rosenthal, G. (1993). Reconstruction of life stories: Principles of selection in generating stories for narrative biographical interviews. *Narrative Study of Lives,* 1, 55-91.

Rosenthal, G. (1997). National identity or multicultural autobiography. *Narrative Study of Lives,* 5, 1-20.

Rosenwald, G. C., & Ochberg, R. L. (1992). *Storied lives: The cultural politics of self understanding.* New Haven, CT: Yale University Press.

Rotenberg, M. (1987). *Re-biographing and deviance: Psychotherapeutic narrativism and the midrash.* New York: Praeger.

Rotter, J. B. (1966). Generalized expectancies for internal vs. external control of reinforcement *Psychological Monograph,* 80(Whole no. 609).

Runyan, W. M. C. (1984). *Life histories and psychobiography: Explorations in theory and method.* New York: Oxford University Press.

Sarbin, T. R. (Ed.). (1986). *Narrative psychology: The storied nature of human conduct.* New York: Praeger.

Scarf, M. (1981). *Unfinished business: Pressure points in the lives of women*. New York: Ballantine.

Schafer, R. (1983). *The analytic attitude*. New York: Basic Books.

Schulman, P., Castellon, C., & Seligman, M. E. P. (1989). Assessing explanatory style: The content analysis of verbatim explanations and attributional style questionnaire. In *Behavioral research and therapy* (pp. 505-512). Oxford: Pergamon.

Schwartz, S. H., & Bilsky, W. (1987). Towards a psychological structure of human values. *Journal of Personality and Social Psychology*, 53, 550-562.

Smith, L K. (1984). The problem of criteria for judging interpretive inquiry. *Educational Evaluation and Policy Analysis*, 6, 379-391.

Spence, D. P. (1982). *Narrative truth and historical truth: Meaning and interpretation in psychoanalysis*. New York: Norton.

Spence, D. P. (1983). The paradox of denial. In S. Breznitz (Ed.), *The denial of stress*. New York: International Universities Press.

Spence, D. P. (1986). Narrative smoothing and clinical wisdom. In T. R. Sarbin (Ed.), *Narrative psychology: The storied nature of human conduct* (pp. 211-232). New York: Praeger.

Spence, J. T., Helmreich, R., & Stapp, J. (1975). Ratings of self and peers on sex role attributes and their relation to self esteem and conceptions of masculinity and femininity. *Journal of Personality and Social Psychology*, 32, 29-39.

Spradley, J. P. (1979). *The ethnographic interview*. New York: Holt, Rinehart & Winston.

Stewart, A. J., Franz, C., & Layton, L (1988). The changing self: Using personal documents to study lives. *Journal of Personality*, 56(1), 41-74.

Sutton-Smith, B. (1986). The development of fictional narrative performances. *Topics in Language Disorder*, 7(1), 1-10.

Tannen, D. (1990). *You just don't understand*. New York: William Morrow.

Tetlock, P. E. (1991). An alternative metaphor in the study of judgment and choice: People as politicians. *Theory and Psychology*, 1(4), 451-477.

Tetlock, P. E., & Suedfeld, P. (1988). Integrative complexity coding of verbal behavior. In C. Antaki (Ed.), *Analyzing everyday explanation: A casebook of method* (pp. 43-59). London: Sage.

Thompson, S. (1994). Changing lives, changing genres: Teenage girls' narratives about sex and romance, 1978-1986. In A. S. Rossi (Ed.), *Sexuality across the life course* (pp. 209-232) (John D. and Catherine T. MacArthur Foundation Series on Mental Health and Development: Studies on Successful Mid-Life Development). Chicago: University of Chicago Press.

Van-Langenhove, L., & Harre, R. (1993). Positioning and autobiography: Telling your life. In N. Coupland & J. F. Nussbaum (Eds.), *Discourse and lifespan identity: Vol. 1. Language and language behaviors* (pp. 81-99). Newbury Park, CA: Sage.

Watkins, C. E. (1992). Adlerian-oriented early memory research: What does it tell us? *Journal of Personality Assessment*, 59(2), 248-263.

Webster's Third International Dictionary. (1966). Springfield, MA: Merriam-Webster.

Weitzman, E. A., & Miles, M. B. (1995). *Computer programs for qualitative data analysis: A software sounce book* (2nd ed.). Thousand Oaks, CA: Sage.

White, M., & Epston, D. (1990). *Narrative means to therapeutic ends.* New York: Norton.

Widdershoven, G. A. M. (1993). The story of life: Hermeneutic perspectives on the relationship between narrative and life history. *Narrative Study of Lives*, 1, 1-20.

Wigren, J. (1994). Narrative completion in the treatment of trauma. *Psychotherapy*, 31 (3), 415-423.

Wiersma, J. (1988). The press release: Symbolic communication in life history interviewing. *Journal of Personality.* 56(1), 205-238.

Wiseman, H., & Lieblich, A. (1992). Individuation in a collective community. In S. C. Feinstein (Ed.), *Adolescent Psychiatry: Developmental and Clinical Studies*, 18, 156-179.

Woolf, V. (1957). *A room of one's own.* New York: Harcourt Brace Jovanovich. (Original work published 1929)

Yin, B. K. (1984). *Case study research design and methods* (Applied Social Research Methods Series, Vol. 5). Newbury Park, CA: Sage.

Zigler, E., & Valentine, J. (Eds.). (1979). *Project Head Start: A legacy of the war on poverty.* New York: Free Press.

附　说说科学

以下内容摘自《社会科学研究：从思维开始》

" 科学与问题的提出和回答方式相关，它是用于探索和观察的一套规则和形式，由那些希望获得可靠答案的人们创造。（P2）

" 科学是一种探索模式，为全人类共同拥有。（P3）

" 科学是一种思考和提出问题的过程，而非一种知识体系。（P4）

" 科学的实质在于找出我们能观察到的事物间的关系。（P8）

" 科学策略的要素本身很容易理解。它们是概念、变量、假设、测量和理论。这些要素的组合方式，构成了科学方法。理论的功能是引导出这种方法，赋予它意义，这是通过帮助我们解释被观察到的现象来实现的。（P13）

" 用精确的名字称呼事物，是理解的开始，因为它是心灵把握现实及其众多关系的关键。（P14）

" 科学是一种方法，通过参考可观察的现象来检验概念的表达以及它们之间的可能关联。（P5）

" 如果假设得到了精心设计，科学方法的所有步骤也就随之而来，假设提供了整个结构。（P28）

" 社会科学的艺术之一，就是有技巧的问题重构。（P28）

" 科学方法是利用可观察的证据，以一种训练有素的方式来检验思维，并且在该过程的每一步都做到明晰。（P30-P31）

" 科学是一种工作程序，利用对经验的提炼来回答问题。（P41）

" 好的描述是科学的开始。（P43）

" 科学观察方法的优点是，偏见更容易被暴露出来，因为对意义和程序的规定都非常明晰，能被复制。（P57）

" 自变量和因变量的关系在被令人信服地证明之前，只是研究者的一种想象虚构。（P67）

" 科学真正的创造力在于变量的操作化和假设的设计。（P78）

" 科学家主要测量三样东西：变异、与变异相关的数据具有意义的概率，以及变量间的关系。（P82）

" 研究技术更进一步的发展，很大程度不是来自方法论文献的推进（讨论某种方法的局限性或可能的改进），而是来自经由有趣的研究项目激发的动力。（P119）

" 思想提供着那些技术机制背后的脉络。（P119）

本书相关中文读物

书名	主要作者	主要译者
An Introduction to Qualitative Research 质性研究导引	Uwe Flick	孙进
Basics of Qualitative Research 质性研究的基础	Anselm Strauss	朱光明
Constructing Grounded Theory 建构扎根理论：质性研究实践指南	Kathy Charmaz	边国英
Designing and Conducting Mixed Methods Research 混合方法研究：设计与实施	John W.Creswell	游宇
Designing Qualitative Research 设计质性研究：有效研究计划的全程指导	Catherine Marshall	何江穗
Discourse Studies：A Multidisciplinary Introduction 话语研究：多学科导论	Teun van Dijk	周翔
Doing Qualitative Research Using Your Computer 质性研究中的资料分析——计算机辅助方法应用指南	Chris Hahn	乐章
Doing Qualitative Research：A Practical Handbook 如何做质性研究	David Silverman	李雪 卢晖临
Educational Research：Quantitative，Qualitative，and Mixed Approaches 教育研究：定量、定性和混合方法	R.Burke Johnson Larry B. Christensen	马健生
Engaging in Narrative inquiry 进行叙事探究	Jean Clandinin	徐泉
Qualitative Data Analysis：A Methods Sourcebook 质性资料的分析：方法与实践（第 2 版）	Matthew B.Miles Michael Huberman	张芬芬 卢晖临
Qualitative Interviewing 质性访谈方法	Herbert J. Rubin	卢晖临

书名	主要作者	主要译者
Qualitative Text Analysis：A Guide to Methods，Practice and Using Software 质性文本分析：方法、实践与软件使用指南	Udo Kuckartz	朱志勇
The Coding Manual for Qualitative Researchers 质性研究者的编码手册	Johnny Saldana	刘颖
The SAGE Handbook of Qualitative Research 质性研究手册（1）：方法论基础	Norman Denzin	朱志勇
The SAGE Handbook of Qualitative Research 质性研究手册（2）：研究策略与艺术	Norman Denzin	朱志勇
The SAGE Handbook of Qualitative Research 质性研究手册（3）：资料收集与分析方法	Norman Denzin	朱志勇
The SAGE Handbook of Qualitative Research 质性研究手册（4）：解释、评估与呈现及质性研究的未来	Norman Denzin	朱志勇
Tricks of the trade：how to think about your research while you are doing it 社会学家的窍门：当你做研究时你应该想些什么	Howard S. Becker	陈振铎
Writing Up Qualitative Research 质性研究写起来	Harry F. Wolcott	李政贤

图书在版编目(CIP)数据

叙事研究:阅读、分析和诠释/(以)艾米娅·利
布里奇(Amia Lieblich),(以)里弗卡·图沃-玛沙奇
(Rivka Tuval-Mashiach),(以)塔玛·奇尔波
(Tamar Zilber)著;王红艳译.--重庆:重庆大学出
版社,2019.11(2023.10 重印)
(万卷方法)
书名原文:Narrative Research:Reading,
Analysis,and Interpretation
ISBN 978-7-5689-1535-9

Ⅰ.叙… Ⅱ.①艾…②里…③塔…④王… Ⅲ.
①社会科学—叙述—研究方法 Ⅳ.①C34

中国版本图书馆 CIP 数据核字(2019)第 066417 号

叙事研究:阅读、分析和诠释

[以]艾米娅·利布里奇 里弗卡·图沃-玛沙奇 塔玛·奇尔波 著
王红艳 译
释觉舫 审校
策划编辑:林佳木
责任编辑:李桂英 版式设计:林佳木
责任校对:万清菊 责任印制:张 策

*

重庆大学出版社出版发行
出版人:陈晓阳
社址:重庆市沙坪坝区大学城西路 21 号
邮编:401331
电话:(023)88617190 88617185(中小学)
传真:(023)88617186 88617166
网址:http://www.cqup.com.cn
邮箱:fxk@cqup.com.cn(营销中心)
全国新华书店经销
重庆市国丰印务有限责任公司印刷

*

开本:940mm×1360mm 1/32 印张:7 字数:197 千
2019 年 11 月第 1 版 2023 年 10 月第 2 次印刷
ISBN 978-7-5689-1535-9 定价:38.00 元

版贸渝核字(2017)第 014 号